십대
토론

십대들이 판치는 fun fun한 토론세상 만들기

십대토론

초판1쇄 인쇄 2016년 1월 4일
초판1쇄 발행 2016년 1월 11일

펴낸이 정광진
지은이 신동명

펴낸곳 (주)봄풀출판
인쇄 예림
제책 바다

신고번호 제406-2010-000089호
신고년월일 2009년 1월 6일

주소 413-756 경기도 파주시 교하읍 문발로 115 세종출판벤처타운 312호
전화 031-955-5071
팩스 031-955-5073
이메일 spring_grass@nate.com

ISBN 978-89-93677-87-4 43370

이 도서의 국립중앙도서관 출판예정도서목록(CIP)은 서지정보유통지원시스템 홈페이지(http://seoji.nl.go.kr)와 국가자료공
동목록시스템(http://www.nl.go.kr/kolisnet)에서 이용하실 수 있습니다.(CIP제어번호: CIP2015035156)

십대 토론

신동명 지음

십대들이 판치는
funfun한
토론세상
만들기

봄풀

토론이 일상화된 세상이
오기를 바라며

최근 학교에는 많은 변화가 일고 있습니다. 교과목 수업방식이 토론식으로 점점 바뀌어가고 있는 것이죠. 그리고 각 지역마다, 학교마다 선생님들의 토론 관련 연구모임이 활성화되고 있을 정도로 수업방식의 변화가 이루어지고 있습니다.

수 년 전만 해도 이러한 교육은 서양 드라마나 영화에서만 보던 장면이었습니다. 학생들이 선생님과 편하게 대화하면서 수업을 해나가는 모습 말입니다.

여기까지 오기에는 여러 가지 물리적 제약들이 있었던 것도 사실입니다. 많은 학생들이 한 교실에서 배워야만 하는 현실에서 토론식 수업은 어려울 수밖에 없으니까요. 하지만 서른 명 내외가 한 반에서 공부하는 요즘은 그것이 가능해지고 있습니다. 선생님들의 연구 또한 토론식 수업으로의 전환에 일조하고 있고요.

얼마 전 방송된 EBS 다큐멘터리 프로그램이 있습니다. 한 연구자가 서울대학교에서 A학점을 받는 학생들 1천 명 이상을 대상으로 오랜 기간 연구, 조사했습니다. 그들은 대부분 강의시간에 교수의 설명이나 이야기를 빠짐없이 받아 적은 다음, 그것을 달달 외운 후 시험지에 그대로 쓴다고 답했습니다. 그래야만 학점이 잘 나온다는 것이었죠. 교수와 다른 견해를 답안으로 쓴다거나 하면 좋은 점수를 받기 어렵다는 얘기였습니다.

이 연구자는 똑같은 조사를 미국의 미시건 주립대학에서 했습니다. 그곳의 학생들은 어땠을까요? 그들은 교수님의 말 중에서 자기가 흥미롭다고 생각하는 것, 강의 중 떠오르는 것 등을 적는다고 했습니다. 그리고 교수님과 생각이 다르면 그 내용을 답안으로 제출한다고 했습니다. 생각이 다르다고 해서 불이익을 당할 것이라고 생각지 않는다는 얘기였죠. 이 학교에서는 노벨상 수상자를 8명이나 배출했습니다.

두 대학의 학생들은 모두 엉덩이가 물러터지도록 열심히 공부합니다. 하지만 좋은 점수를 받는 답안은 반대였습니다. 문제는 이 이야기가 학교 안에서 끝나지 않는다는 데 있습니다. 우리나라 최고의 대학에 입학한 학생들은 대학에서조차 비판력과 창의력을 떨어뜨리는 교육을 받고 사회로 진출해 대한민국을 이끌어가는 위치에

토론이 일상화된 세상이 오기를 바라며
• • •

서게 되는 거죠.

천재 소리 들으며 고등학교를 마치고 미국의 아이비리그로 유학을 간 아이들의 상당수가 그곳의 교육방식에 적응하지 못하고 중도포기를 한다고 합니다. 최고였던 그들이 많은 책을 읽고 다양한 관점, 자기의 주관, 정당한 비판, 생각의 융합과 창출 등을 이야기해야 하는 토론식 수업에 손을 들고 맙니다.

늦었지만 초등학교에서부터 토론교육, 토론식 수업이 진행되고 있음에 조금은 다행스럽기도 합니다. 어려서부터 그것에 익숙해진다는 것이 얼마나 필요한 일인지를 우리는 위의 예를 통해서 알 수 있으니까요.

반면, 아직은 많이 부족한 것 또한 사실입니다. 이제 시작일 뿐 아니라 토론식 교육이 정착되려면 안팎의 교육현장에서 더욱 적극적이고 다양한 방식의 토론교육이 시도되어야 합니다. 그런 면에서 벌써 13회째 전국청소년토론축제를 치러내면서 즐거운 토론, 놀이처럼 하는 독서토론을 외치고 있는 신동명 교수와 한국식 확장형 토론이 그 원동력이 되어 주리라 기대합니다.

한국식 확장형 토론방식을 우리 학교 현장에 적용해 본 결과 참신함 그 이상의 것을 던져준 효과에 대해 놀라기도 하였습니다. 그래서 더욱 이 책《십대토론》이 더 나은 토론교육, 토론식 수업으로 발전하는 데 초석이 되리라 기대하면서 토론이 일상화된 세상이 오기를 바라마지 않습니다. 감사합니다.

신기환

_수원 매탄초등학교 교장, 경기도 초등토론교육연구회 회장

차례

어떤 토론이 좋은 토론인가요?

2장

토론을 멋지게 이끄는 7가지 방법이에요

독서토론은 재미있는 놀이예요
_기적의 키워드 독서토론법

장관상 타기 전국청소년토론축제 연습

십대들의
한국식 토론세상 만들기

　토론이 제법 활성화되자 이런저런 토론대회에서 심사위원으로 불러주는 바람에 다녀볼 기회가 많았습니다. 다른 심사위원들보다 경력이 좀 더 많을 때는 가끔 심사위원장으로 초대되기도 했죠. 하지만 가보면 늘 같은 느낌을 받습니다. 대부분 서양의 토론방식(정해진 절차에 따라 진행하므로 나는 '서양식 고정형 토론'이라 부른다.)으로 대회가 치러지기 때문입니다.

　서양식 고정형 토론대회에서는 늘 몇 가지 의문이 생깁니다.

　하나는 채점시기입니다. 심사위원으로 채점표를 받고 나면 채점을 언제 해야 하는지 도통 판단이 안 설 때가 많습니다. 토론이 전개되는 중간 중간 해야 하는지, 끝난 다음에 해야 하는지 고민스럽습니다.

그간의 경험에 비추어 토론에서의 평가는 끝난 후에 해야 합리적이라고 생각합니다. 그런데 서양식으로 치러지는 토론대회의 복잡한 채점표에는 중간 과정에 대해 평가를 하도록 항목이 만들어져 있습니다. 끝난 다음에 중간 과정에 대한 점수를 매기려면 온전히 기억력에 의존해야 하는데, 그러려면 토론의 전 과정을 사진 찍듯 머릿속에 기억해 점수를 정리해 놓아야 합니다. 그렇지 않고서는 머리카락과 함께 이미 점점 퇴행되어 가고 있는 제 기억력으론 쉽지 않은 일이니까요. 그럼에도 복잡한 채점표는 토론 과정마다 주어진 부문의 평가를 하고 넘어가야만 될 것 같은 압박을 줍니다. 언젠가 한번은 그런 압박감에 못 이겨 다른 심사위원들을 흘깃거리며 훔쳐본 적도 있습니다.

복잡하더라도 채점표에 과정마다 점수를 매기게 되어 있으니 그대로 하면 되지 않느냐고 반문할 수도 있습니다. 하지만 그런 평가는 제 마음이 마뜩치 않습니다. 기승전결이 있는, 매우 변화무쌍하게 진행되는 토론을 조각조각 평가한다는 것은 제가 보기엔 합리적인 방법이 아니니까요.

또 한 가지는 찬성 팀 입론자가 입론을 발표하고 반대 팀에서 반론을 제기한 후에 든 의문이었습니다. 입론에 대한 반론이 아닌, 자기만의 반론이라 매우 당황스럽더군요. 그 다음은 더 황당했습니다. 반론에 대한 찬성 팀 입론자의 답변조차 반론과는 동떨어진 내용으로 일관하는 것 아니겠습니까! 그것도 너무나 당당한 태도로…….

왜 이런 일이 벌어졌을까요?

저는 토론 참가자가 감당하기 어려운 준비와 절차를 지켜야 하는 데서 이런 문제가 발생된다고 생각합니다. 말하는 순서와 시간을 정확히 지켜야 하는 서양식 고정형 토론을 위해서는 주어진 시간에 맞게 미리 입론을 작성해 외워야 합니다. 예상되는 반론에 대한 몇 가지 답변과 함께 말이죠. 반론도 마찬가지입니다. 입론에 포함되리라 생각되는 내용을 예상하고 반론을 준비해 외웁니다. 하지만 실제 토론을 해보면 입론에도 반론에도 예상치 못한 내용이 들어 있을 때가 종종 있습니다. 당황스러운 표정 티내지 말고 당당하게 하라고 교육받은 학생들이 상대의 반론과 상관없는 엉뚱한 내용을 눈 하나 깜짝하지 않고 답변을 할 수밖에 없는 이유입니다.

이러한 토론회의 부작용은 정작 그것으로만 끝나지 않는다는 데 더 문제가 있습니다. 부모님이나 선생님들로 하여금 '오랫동안 훈련시킨 아이들도 이런데 성적이 뒤처지는 아이들이 과연 토론을 할 수 있을까?'라는 의심을 갖게 만들죠. 실제 상황과 맞지 않는 까다로운 준비와 절차가 '토론은 어렵다.'는 고정관념을 만들어내고, '공부 잘하는 아이들만 할 수 있는 것'이라는 잘못된 인식으로 이어지고 마는 것입니다. 토론교육은 결국 소수 중심의 교육, 다수의 아이들이 객체가 돼버리는 위험한 교육으로 전락하게 됩니다.

지금 학교 수업은 점점 토론식으로 바뀌어 가고 있습니다. 몇몇 아이들만 대답하고 질문하며 의견을 나누는 토론수업이 되어서는 안 됩니다. 자칫 학교가 엘리트 교육장이 될 수도 있습니다. 이제 시작이니 잘못 꼬이기 전에 풀어야 합니다. 토론이 엘리트의 전유물이 되느냐 아니냐가 여기에 달려 있습니다.

제가 이 책에서 이야기할 토론방식이 완벽한 해결책인지는 모르겠습니다. 하지만 적어도 서양식 토론처럼 복잡한 절차는 없습니다. 몇 가지 큰 틀의 규칙을 지키기만 하면 누구나 자기의 의견을 자유롭게 이야기하고 개진할 수 있으며 반박할 수 있습니다.

또 한 학급 학생 전체가 참여할 수 있는 토론을 지향합니다. 요즘에는 대개 30명 내외로 한 학급이 구성되어 있습니다. 때문에 제가 제안하는 한국식 토론은 기본적으로 30명이 한 번에 할 수 있도록 되어 있습니다. 각자의 역할이 다른 선에서 말이죠. 학급 내에서 공부를 잘하거나 못하거나 상관없이 모두의 참여가 가능한 토론방식이 바로 한국식 토론입니다. 하나의 교실에서 수업에 참여하는 학생과 못하는 학생이 나뉘는 교육은 교육이 아닙니다.

토론교육은 합리적인 민주시민으로 나아가는 디딤돌입니다. 민주주의가 발전한 선진국들을 보십시오. 토론이 활성화되지 않은 나라가 있는지! 세계는 이미 하나입니다. 우리는 지금 그것을 피부로 느끼고 있습니다. 미국, 유럽과의 경쟁에서 앞서기 위해서는, 다 같이 잘사는 선진국 공동체로 나아가기 위해서는 토론을 통해 확인된 다양성을 창의적인 사고로 융합할 수 있어야 합니다. 정부에서 토론교육을 강조하는 이유도 거기에 있습니다.

대한민국의 미래인 십대들이 서양식 토론과 같은 까다로운 절차가 없는 토론, 서양식처럼 틀에 갇힌 듯한 꽉 짜인 토론이 아닌 자유롭고 치열하게 전개되는 토론, 소수의 엘리트뿐만 아니라 동시에 많은 인원이 참여할 수 있는 토론, 외워서 하는 토론이 아닌 자기의 생각을 자유롭게 말하는 토론으로 이 땅에 토론 세상을 열어젖히길 기대합니다.

1장

어떤 토론이
좋은 토론인가요?

"전 '한국식 확장형 토론'이란 말이 너무 좋아요. 마음속 깊은 곳에서 뭔가가 우러나올 뿐만 아니라 자부심도 생기고 역사도 느껴져요."

2013년, 교보문고 광화문점에서 '교보문고로 모여라. 토론으로 한판 붙자.'라는 제목으로 토론대회를 했을 때 군산에서 여섯 명의 학생을 데리고 방문한 한 선생님이 했던 말입니다.

문화는 나라마다 독특하거나, 이웃 나라와 유사하거나 특별한 방식으로 형성되어 왔고, 형성되어 가고 있습니다. 토론문화도 다르지 않습니다. 분명 역사적인 뿌리가 있고, 그 뿌리를 바탕 삼아 각 나라별, 문화권별로 정착된 토론문화가 있습니다. 아테네에 뿌리를 두고 있는 서양의 토론은 민회가 열리는 광장에서, 송사가 일어나는 대법정에서 시작되었죠. 물시계를 이용해 말하는 순서와 시간을 지켜야만 했던 서양식 토론은 지금도 여전히 이야기 순서와 시간을 비교적 정확히 지켜가며 토론을 합니다.

사실 언어를 사용하고 대화가 가능해진 사회라면 언제라도 토론은 있었을 것입니다. 하지만 굳이 그 시기를 정해야 한다면, 저는 우리 토론문화의 뿌리는 고조선 시대 화백회의에 있다고 생각합니다. 화백의 뜻은 분명치 않습니다만, 《당서(唐書)》에 "일이 있음에 반드시 무리를 모아 논의함을 화백이라 하니 한 사람이라도 다르면 파(罷)하였다."는 말이 나오는 것으로 보아 '여러 사람이 화합하다.'라는 정도로 해석하는 게 맞지 않나 싶습니다. 이와 같은 고조선 시대의 화백회의는 왕을 중심으로 여러 부족의 수장과 신하들 20~30여 명이 모여 보통 2~3일 정도 계속 진행되었다고 하죠.

알다시피 화백회의는 '만장일치' 제도입니다. 만장일치로 뭔가를 결정하기는 쉽지 않습니다. 아니, 애초에 불가능할 수도 있습니다. 토론이나 토의, 회의 등을 해본 사람은 다 압니다. 만장일치가 가능해지려면 끝장을 봐야 합니다. 요즘 정치인들의 끝장토론은 끝장이 거의 막장이지만 화백회의는 결론을 도출해냈죠. 말 그대로 누구 하나라도 동의하지 않는 한 끝없는 토론과 설득이 이어질 수밖에 없었으니까요.

우리 선조들은 그토록 어려운 만장일치에 어떻게 합일(合一)할 수 있었을까요? 사사로운 이익을 앞세웠다면 도저히 이루지 못했겠죠. 추측건대, 처음에는 자기와 자기 부족의 이익에 우선한 주장을 하다가도 나중에는 공동에게 가장 좋은 방법 쪽으로 결론을 내

렸을 겁니다. 때로는 그것과 자기 또는 부족의 이익 사이에서 어느 하나를 선택해야만 했을 것입니다.

만장일치제에는 꼭 충족되어야만 하는 두 가지 필요조건이 있습니다. 하나는 발언시간입니다. 서양처럼 시간을 정해 놓고 발언하거나 시간에 야박한 상태라면 만장일치제를 채택할 수 없습니다. 또 하나는 순서입니다. 시간이 충분하면 순서는 필요 없겠죠.

우리에게는 아테네에서 시작된 서양식 토론문화에 비해 뒤처지지 않는 오랜 뿌리를 지닌 토론문화, 게다가 만장일치라는 독특한 제도를 실천했던 토론문화가 있었습니다. 만장일치제는 비록 아니지만 이러한 토론문화를 제 나름대로 확장, 발전시킨 것이 바로 '한국식 확장형 토론'입니다.

이제 '한국식 확장형 토론' 속으로 들어가 보겠습니다.

즐겁고
재미있어야 해요

2015년 5월, 한국교원대학교에서 제13회 '전국청소년토론축제' 본선이 열렸습니다. 여성가족부 장관상이 걸려 있는 이 대회에는 초등부·중등부·고등부로 나뉘어 제법 많은 청소년들, 수천 명의 청소년들이 참가해 예선을 거친 후 한 곳에 모여 본선을 치릅니다. 이날 중등부 토론대회 심사를 마치고 나올 때였습니다. 초등학교 저학년은 참가가 제한된 대회인데 꼭 초등학교 1학년처럼 보이는 귀여운 아이가 저에게 달려와 말했습니다.

"이렇게 편하고 재미있는 토론대회에 참가하게 되어 무척 즐거웠습니다."

개회식 때 무대 뒤에서 서성대는 저를 본 모양이었습니다. 순간 울컥하는 마음에 그 친구를 꼭 껴안으며 물었습니다.

"몇 학년이니?"

"5학년이요."

놀라웠지만 다행히 내색하지 않았습니다.

"그래, 뭐가 그렇게 재미있었는데?"

"상대가 얘기할 때는 가만히 듣고 있다가 말한 내용에 맞춰 바로바로 이어가면서 토론을 하니까 정말 재미있더라고요. 외운 대로 말하지 않아도 되고 틀릴까봐 조마조마하지도 않으니 마음도 편했고요."

그 말에 '외운 걸 그대로 입 밖으로 내미는 것이 과연 토론일까?'라는 의문이 다시 한 번 떠올랐습니다. 요즘 붐처럼 일고 있는 대부분의 토론대회가 외운 내용을 앵무새처럼 기억해내는 정도에서 그치고 있음을 확인시켜 주는 말이기도 했죠.

"전교 1등인데 상을 못 받아서 부모님께 뭐라고 말을 해야 할지 모르겠어요. 왜 이런 일이 생긴 건지…… 영어토론대회에서도 금상을 받았는데……."

수년 전, 전국청소년토론축제를 치르고 난 후의 어느 날, 수상자 발표 후에 들은 말입니다. 수화기 너머로 들려오는 떨리는 목소리에 가슴이 탁 막혔습니다. 안타까웠으나 딱히 뭐라 해줄 말도 떠오르지 않았습니다. 무슨 얘기를 했다 해도 그 친구에겐 조금도 위로가 되지 않았을 겁니다.

한 시간쯤 지났을까요. 곰곰이 생각해 보니 조금씩 화가 나는 것 아니겠습니까! '전교 1등이면 꼭 상을 받아야 하나? 영어토론대회에서 금상을 받았으니 우리말로 하는 토론대회에서는 상을 받는 게 당연하다는 말인가?'라는 어이없는 질문이 머릿속에 맴돌았기 때문입니다. 대한민국에 만연해 있는 성적지상주의를 다시 한 번 실감한 건 물론이고요. 지금 다시 생각해 보면 이 친구도 혹시 외운 것에 의지해 토론을 한 건 아닌가 싶습니다. 물론 그냥 제 추측일 뿐입니다만⋯⋯.

토론주제를 알고 있다면 주제에 대해 미리 지식을 습득해야 하는 것은 당연한 일입니다. 평소 관심이 있던 주제라도 마찬가지죠. 반면, 내용을 외워서 하는 것은 토론의 형식만 취했을 뿐 발표회나 다름없습니다. '한국식 확장형 토론'은 굳이 내용을 외울 필요가 없습니다. 공부를 잘하는 아이들끼리 모여 미리 외운 내용을 순서에 맞춰 발표하는 그런 형식의 토론이 아니기 때문입니다.

서울의 한 구에서 실시하는 의회식 토론대회에 심사위원으로 참여했을 때의 일입니다. 각 학교를 대표하는 학생 셋이 한 팀으로 각각 입론, 반론, 결론의 역할을 맡아 순서에 맞춰 발표하고 진행하는 방식이었습니다.

'초대형 슈퍼마켓과 골목상권의 문제, 해결이 필요한가?'라는 주제였다고 기억합니다. 해결되어야 한다는 입장에 선 팀의 입론자가 보조자료 등을 이용해 먼저 주장을 펼쳤습니다. 다음 순서로 해결할 필요가 없다는 팀에서 입론에 대해 반박을 했죠. 이제 입론자가 반론에 대한 답변이나 재반론을 해야 하는 순서였습니다. 하지만 재반론이나 답변은 없었습니다. 아무 관련 없는 내용을 주저리주저리 늘어놓았을 뿐이었죠.

입론자는 아마 반론에 대한 재반론 내용들을 미처 준비하지 못했거나, 반론이 준비한 범위를 벗어났거나, 준비한 내용을 제대로 응용하지 못했을 것입니다. 결국 그는 반론이 요구한 내용은 무시한 채, 본인이 미리 외운 내용만을, 배꼽을 누르면 자동으로 '아이 러브 유'를 토해내는 인형처럼 쏟아낼 수밖에 없었던 것이죠.

토론에서 필요한 능력 중 하나가 순간대처능력입니다. '한국식 확장형 토론'에서는 입론, 반론, 재반론 등의 절차가 없습니다. 누구나 사회자의 허락을 받아 이야기할 수 있습니다. 언제 자기에게 반론을 요구할지, 자기의 주장에 대해 어떤 내용으로 반론을 할지에 대한 예상이 어렵죠. 그러니 토론이 얼마나 긴장감 있고 흥미진진하게 이루어지겠습니까! 또 상대의 주장이나 발언 내용에 맞게 반론하거나 주장하지 않고 일방적으로 암기한 내용만을 발표한다면 얼마나 생뚱맞겠습니까!

이처럼 즉각적이고 순간적인 대응능력을 키워주는 토론방식으로 토론을 해보십시오. 이야기가 펄떡펄떡 살아 숨 쉬는 생생한 토론, 초등학생도 즐기는 재미있는 토론에 푹 빠져들게 될 테니까요.

자료를 발표하는
토론은 안 돼요

제4회 전국청소년토론축제에서 있었던 일입니다. 상대 팀이 이야기를 할 때마다 좌중을 압도하는 말솜씨로 자기 팀의 전사가 되어 토론 분위기를 이끌어가는 친구가 있었습니다. 흡사 영화나 법정 드라마에 나오는 검사나 변호사 같았죠. 저렇게 토론을 잘하다니! 어느 학교 학생인지 매우 궁금했습니다. 지나가는 척하면서 슬쩍 곁눈질로 그 친구 교복에 달린 학교 마크를 보았죠. 외국어 고등학교였습니다.

그는 대회 하루나 이틀 전 자료를 뽑아 쭉 한번 훑어보기만 하면 그 자료 어디쯤에 어떤 내용이 있는지, 상대의 이러이러한 주장과 관련한 반박 자료는 어디에 있는지를 단박에 아는 머리 좋은 친구였습니다. 평소 토론을 즐기지 않아도 얼마든지 두각을 나타낼 수 있는 능력을 가졌죠. 전국청소년토론축제는 그 이후 5회 때부터 자료를 보면서 토론을 할 수 없도록 규칙이 바뀌었습니다.

모든 토론대회는 평소 토론에 관심을 갖고 있는 학생, 토론을 통해 자존감 및 인성, 소통능력, 자기주도학습능력 등을 함양하고자 하는 학생들이 참여하는 대회, 그들이 좋은 성과를 내는 대회가 되어야 합니다. 토론에 대한 큰 관심 없이 상을 받기 위해 하루나 이틀 또는 며칠에 걸쳐 준비한 자료를 대회에서 읽어대는 뛰어난(?) 학생들에게는 군이 토론을 통한 교육이 필요치 않습니다.

학생회장들끼리만 하는 고등학생 대상 전국토론대회에 심사위원으로 간 적이 있습니다. 그 대회는 준비해 온 자료를 자유롭게 활용할 수 있도록 허용하고 있었습니다. 저는 그 학생들을 테스트해 보고 싶은 생각이 들었습니다. 약간의 불뚝심이 일었던 것이죠. 즉석에서 제안했습니다.

"예선에서는 가지고 온 토론 자료들을 활용했지만, 본선까지 올라왔으니 자료를 이용하지 말고 토론을 해보자."

학생회장들이어서였는지, 그중에서도 본선까지 올라온 학생들이어서 그랬는지, 참가자들 모두 흔쾌히 동의했습니다. 갖고 온 자료는 멀찍이 밀어두었죠.

어떻게 되었을까요? 토론이 시작되자 상황은 단박에 달라졌습니다. 예선에서 최고라는 소리를 들었던 학생이 자료를 보지 못하자

급격히 추락하는 모습을 보이고 말았던 것이죠. 뿐만이 아니었습니다. 토론주제에 대해 평소 큰 관심을 갖지 않았던 때문인지 그들 대부분이 금방 바닥을 드러내며 했던 말을 되풀이하는 일이 벌어졌습니다.

토론에는 경청과 배려, 인정, 소통 등의 행위가 담겨 있어야 합니다. 대회 참가 전 짧은 시간에 걸쳐 준비해 온 자료를 갖고 마치 변호사처럼 상대 주장의 허점만 들추어내는 토론, 머리가 좋아 준비한 자료를 보면서 평소에 토론을 사랑하고 즐기는 친구들에게 좌절감을 안기는 토론은 안 하느니만 못합니다. 상 말고는 토론을 통해 아무 성취도 이룰 수 없기 때문이죠.

토론자도
심사에 참여해요

  얼마 전 방송된 모 방송국의 〈한식대첩 3〉라는 프로그램에서 '패
자부활전'이 진행되었습니다. 〈한식대첩〉은 각 도별 대표가 출연해
음식대결을 벌이는 프로그램입니다. 이 날은 탈락한 다섯 팀(충청북
도·강원도·경상북도·전라남도·제주도)의 대표들이 나와 대결을 펼쳤
습니다. 패자부활전이라서인지 모두들 비장한 모습이었죠. 충청북
도는 채개장, 제주도는 말고기, 경상북도는 와송, 전라남도는 참게,
강원도는 향어와 돼지 피가 그들의 재료였는데, 완성된 음식을 맛
본 심사위원들은 하나같이 극찬을 했습니다. 다섯 팀의 요리 완성
도가 매우 높았기 때문입니다. 한 심사위원은 "오늘 투표가 아주 어
렵겠다."며 곤혹스러워하기까지 했죠.
  하지만 심사는 해야만 합니다. 이 날은 원래의 심사위원 세 명에

특별 심사위원 네 명을 합해 모두 일곱 명이 비밀투표로 심사를 진행했습니다. 그 결과 전라남도가 승리해 다음 단계로 올라선 이 날의 음식대회는 주관식으로 평가하는 대회에서 평가가 어떻게 이루어져야 하는지를 잘 보여주었습니다.

사람들은 각각 다른 미각과 후각을 가지고 있고 음식에 대한 선호도가 다릅니다. 모두가 한결같이 '이 맛이 정답이다. 최고다!'라고 말할 수는 없습니다. 때문에 많은 이들이 평가에 참여해야 하고, 그날의 〈한식대첩〉에 평소보다 더 많은 심사위원들의 의견이 필요했던 것입니다.

2014년 안산시 청소년 토론대회 심사위원장을 맡았을 때였습니다. 대회장에 모인 6백여 명의 학생들 앞에서 말했습니다.

"토론대회는 주관식 대회입니다. 주관식에서는 방향만 맞으면 모두가 맞는 것입니다. 여러분들은 머릿속에서 떠오른 내용을 자유롭게 표현하십시오. 모두가 맞는 것이니까요. 우리 심사위원들은 여러분들의 말을 듣고 느낀 대로, 마음대로 채점할 겁니다. 그것이 주관식 토론대회의 특징입니다."

물론 심사위원들 멋대로 점수를 매기고, 그 점수에 따라 논공행상을 펼친 건 아닙니다.

토론대회를 많이 치르다 보니 주관성을 객관화, 과학화하는 방법이 필요했습니다. 당연히 오랜 시간 고민하고 연구할 수밖에 없었죠. 지금까지의 결론은 모두가 함께 평가에 참여해야 한다는 것입니다. 심사위원들뿐만 아니라 토론자로 참가한 학생들 모두가 평가에 참여하는 방식. 심사위원보다 훨씬 많은 토론 참가자가 〈한식대첩〉에서처럼 특별 심사위원이 되는 것이죠.

간혹 토론 참가자들, 전문가가 아닌 이들을 심사에 참여시키는 방법이 옳은지에 대해 이견을 제시하는 분들이 있습니다. 하지만 저는 토론 참가자들이 배심원과 같은 역할을 한다고 생각합니다. 우리 법원에서는 몇 년 전부터 일반시민들이 재판에 참여하는 국민참여재판 제도를 도입했습니다. 우리나라에서는 아직 재판에 배심원 격으로 참여한 국민들의 의견이 판사의 판결에 구속력을 행사하지 못하지만, 일찍이 배심원 제도를 시행하고 있는 미국에서는 피고인의 유·무죄를 배심원이 판단하고, 판사는 그에 따라 형량을 결정해 선고할 뿐이라고 합니다.

미국에서 배심원으로 재판에 참가한 일반인들은 모두 법과 관련해 전문가로서의 자격을 갖춘 사람들일까요? 전부 법대를 나오거나 누구나 인정할 만큼 법을 공부했기 때문에 법적 판결에 참여하는 걸까요? 그래서 그들의 결정을 존중할까요? 아닙니다. 배심원들의 의견에 따르는 이유는 판사 개인의 판단보다는 다수의 판단이 보편적 진리에 가까워진다고 생각하기 때문입니다. 절대적이지는 않지만 다수의 생각이 신의 영역에 가장 근접할 수 있다는 논리에 따른 것이죠.

토론 참가자들을 심사에 참여하게 하는 것도 마찬가지 이유입니다. 다만, 한국식 확장형 토론에서의 심사방법은 1인 2표제를 채용하고 있죠. 참가자들을 대상으로 '1인 1표제'로 심사를 하게 하면 자신의 이름을 써내야 할지, 정말로 자신이 생각하는 우수한 토론자의 이름을 써내야 할지 갈등하게 되기 때문입니다. 큰 상이 걸려 있는 대회에서 1인 1표제는 참가자들로 하여금 더욱 깊은 유혹과 갈등에 빠지게 만듭니다. '1인 2표제'는 그 문제를 단박에 해결해 줍니다. 누구라도 전적으로 수긍할 수 있도록 평가해야 하는 주관식 대회에서 참가자 본인들이 선택한 학생이 상을 받는데 누군들 승복하지 않겠습니까!

또한 비밀투표와 직접투표를 통해 민주주의에 대한 경험, 자신의 의사가 반영되었을 때의 기쁨, 주관식 평가에 대한 느낌을 알 수 있게 될 뿐만 아니라, 토론대회가 비로소 모두의 축제가 되기 때문입니다.

경쟁자와도
소통하고 나누어요

한국식 확장형 토론은 한 팀당 일곱 명씩 찬반 합해 열네 명에 사회자 한 명을 포함해서 모두 열다섯 명의 학생들이 한 번에 참여합니다. 세 명 정도가 한 팀을 이루는 서양식 토론과 달리 다수를 참여시키는 이유는 더욱 많은 이 땅의 십대들이 토론 교육의 혜택을 받아야 한다는 의지가 숨어 있기 때문입니다.

반면, 이처럼 많은 학생들이 동시에 참여하는 토론에서는 여러 가지 문제가 나타나는 것도 사실입니다. 말은 안 하고 고개만 끄덕이면서 친구의 주장에 편승해 슬쩍 묻어 넘어가려는 친구가 있는가 하면, 토론에서 소외를 당하는 일도 발생하게 되죠. 따라서 이를 보완하기 위한 과정이 필요한데 바로 '생각 나누기'입니다. 본 토론에 들어가기 전 찬성 팀 따로, 반대 팀 따로 나누어 끼리끼리 이야기하도록 하는 것입니다.

초등부와 중등부에서 이 '생각 나누기' 과정을 실행해 보았습니다. 한국식 확장형 토론에서의 평가는 서양식 토론에서처럼 팀별 평가가 아닙니다. 같은 팀이라 해도 각자에게 점수를 주는 개인별 평가입니다. 팀이 같아서 서로가 적이나 마찬가지인 거죠. 자기 팀의 누구에게도 자신이 가진 지식을 나누어 줄 필요가 없다는 말입니다. 그런데 실제 토론과정에서 '생각 나누기'를 하자 서로 동지라고 생각하면서 자신들의 지식을 나누는 놀라운 일이 벌어졌습니다. 잘 모르는 참가자들끼리 경쟁관계임에도 같이 이야기하고 경청하면서 서로 소통하고 협업하는 모습이 나타난 것입니다.

또 누가 시키지도 않았는데 리더가 나왔습니다. 리더를 중심으로 상대 팀이 어떻게 나올지를 예상해 보고, 상대가 우리를 어떻게 곤란하게 할지, 우리 팀은 어떤 내용으로 방어를 할지, 우리는 어떻게 상대를 곤란하게 할지에 대해 그동안 각자가 쌓아왔던 지식과 준비들을 아낌없이 나누는 광경을 볼 수 있었습니다.

이처럼 '생각 나누기'가 긍정적으로 진행될 수 있는 이유는 먼저 본격적인 토론에 들어갔을 때보다 수가 반으로 줄어들면서 잘하든 못하든 각자에게 말할 기회가 주어지기 때문이었습니다. 게다가 비슷한 경험을 공유하고 있는 또래들이라 서먹함이나 부끄러움을 순식간에 극복할 수 있고, 한 팀이라는 동질감이 서로 경쟁자라는 의식을 순화시키는 것도 같았습니다.

우호적인 관계를 형성하고 있는 사람들뿐만 아니라, 경쟁상대와 소통하고 협업하며 상대를 배려하는 자세는 살아가는 데 매우 중요합니다. 그리고 '생각 나누기'는 그런 능력을 겸비할 수 있는 장치입니다.

미래를
준비해요

"여러분, 이 대회에서 무엇을 느끼셨습니까? 저는 오늘 이 대회를 통해 정말 많은 것을 배웠고 감사하는 마음을 가지게 되었습니다. 아무런 경제적 이익 없이 많은 심사위원들께서 우리들을 위해 참여해 주셨다는 사실에 감동했습니다. 그리고 저도 어른이 되면 오늘을 기억하면서 세상에 어떤 방식으로든 보답해야겠다는 생각을 했습니다. 우리가 어디서 비용을 하나도 안 들이고 전문가와 구술면접시간을 가질 수 있겠습니까? 그런 면에서 저는 이 대회의 꽃은 '구술면접'이라고 감히 당당하게 말씀드리고 싶습니다. 오늘 함께한 전국의 고등학생 친구들, 또 여기 계신 모든 심사위원님들과 대회 관계자님들께 감사의 박수를 보냅니다."

지금은 경희대학교에 다니는, 당시 부산 센텀고에 재학 중이던 한 학생이 '전국청소년토론축제'에 참여한 자리에서 상을 받은 후 발표한 소감입니다.

오래 전 대학 입학에 '논술시험'을 허용한다고 했을 때 저는 '참 이상한 나라'라는 생각을 했습니다. 각 대학별로 입학 자격을 가늠하는 시험인데 어떻게 준비해야 하는지, 무엇으로 공부해야 하는지, 어떤 기준이 적용되는지에 대해 아는 사람이 아무도 없는 상태였기 때문이었습니다.

이럴 경우 가장 어려운 이들은 당장 논술을 대비해야 하는 입시생들입니다. 새로운 실험이라는 도마 위에 놓인 학생들 말이죠. 교육제도의 마지막에는 국가의 미래인 청소년들이 있기 때문에 늘 조심스럽게 접근해야 할 뿐만 아니라 실험적이어서는 더더욱 안 됩니다. 그럼에도 많은 이들의 인생을 좌우할 수 있는 대학입시에서 그런 일들이 눈 하나 깜짝하지 않고 일어나고 있으니 어떻게 이상하지 않을 수 있었겠습니까!

'전국청소년토론축제' 고등부에는 논술부문이 포함되어 있었습니다. 고등부 참가자들은 입시 전에 논술 전문가들, 토론 전문가들, 구술면접 전문가들을 통해 단 한 번이라도 입시에 대한 경험을 해보고 논술시험을 준비할 수 있는 기회를 가질 수 있었죠.

2015년 제13회 전국청소년토론축제부터는 '논술'이 빠지고 '자기소개서 쓰기'가 포함되었습니다. 그리고 자기소개서 쓰기는 중등부, 초등부까지 확대되었죠. 최근에는 몇몇 고등학교에 입학할 때나 다른 여러 가지 활동을 하려 해도 자기소개서가 종종 필요하기 때문입니다.

하지만 어쩌면 그것은 아주 단편적인 이유에 지나지 않을지도 모릅니다. 자기소개서를 쓰기 위해서는 꿈을 찾아야 하고, 꿈을 세워야 하며, 꿈을 키워야 합니다. 대학생이 되어서도, 사회에 나와서도 자기 꿈이 뭔지, 하고 싶은 일이 무엇인지 몰라 방황하면서 수많은 시행착오를 겪고 살아가는 사람들이 대부분인 현실에서, 자기소개서 쓰기는 자기 꿈에 조금이라도 더 다가갈 수 있는 장치인 것입니다.

대한민국의 미래인 청소년들이 입시를 포함해 살아가는 데 도움이 되는 과정을 미리 경험해 볼 수 있다면 그야말로 살아 있는 생생한 체험이 아닐까요?

토론에서도
독재는 안 돼요

"이 대회에 대한 비리를 언론에 알리겠습니다."

언젠가 전국청소년토론축제가 끝난 어느 날, 대학생 자원봉사자들이 게시판에 올라온 글을 보여주며 큰 걱정을 했습니다. 무엇 때문일까 궁금했던 저는 글을 올린 학생에게 전화를 걸었습니다. 수화기 너머의 목소리는 무척이나 화가 난 것 같았습니다.

"장관상을 비롯해 대학총장상 등 많은 상이 걸린 토론대회를 열면서 주최 측 마음대로 상을 나눠먹는 단체는 혼이 나야 합니다. 지금 많은 대회 참가자들이 그 문제 때문에 저와 함께 행동에 나서려는 중입니다."

"흥분하지 말고 상을 어떻게 나눠먹었다는 건지 명확하게 얘기해주세요. 그래야 우리가 점검을 해서 정말 그런 일이 벌어졌다면 무슨 조치를 취하든 할 거 아니에요.”

좀처럼 흥분이 가라앉지 않는 듯 수화기 너머의 학생은 떨리는 목소리로 말하기 시작했다.

“제가 ○○ 방송국 ○○토론대회 출신인데요. 그 방송을 본 모든 아이들이 저를 보고 토론을 잘한다고 했습니다. 그런데 이 대회에서는 상은커녕 말도 제대로 못한 참가자가 상을 탔습니다. 이건 말이 안 됩니다. 참가했던 모든 아이들이 다 봤단 말입니다. 제가 좌중을 압도하는 모습을요. 어떻게 이런 일이 일어날 수 있습니까?”

“그래요? 제가 한번 확인해 보겠습니다. 하지만 ○○ 방송국 ○○토론대회 출신이라고 해서 이 대회에서 꼭 상을 받아야 된다는 법은 없지 않나요?”

“제가 이 대회에서 장관상을 받으려고 한 달을 준비했어요. 그리고 토론에서도 다른 애들이 별로 말을 안 하고 있을 때 제가 혼자 나서서 말을 거의 다 했고요. 그런데 작은 상도 하나 못 받고…… 저보다 훨씬 못했던 아이는 상을 받고…… 이게 말이 되나요? 저뿐만 아니라 저와 같이 참가한 친구들도 전혀 이해할 수 없다면서 강력하게 항의해야 한다고 하고 있습니다.”

“자, 그럼 먼저 이렇게 하죠. 이 대회가 학생이 생각하는 것처럼 비리가 있다고 생각되면 언제든 문제를 제기하세요. 하지만 이 대회에서 고등부는 토론 하나만 가지고 평가를 하는 게 아니라 구술면접 등 네 가지 과정 모두를 합산해서 최종적으로 등수를 가리는 대회라는 것 알고 있죠? 만약 그 네 가지 단계의 합산 점수를 토대로 상을 받는 데 아무 문제가 없었다는 게 밝혀지면 학생이 올린 글에 대해서 분명히 책임을 져야 할 거예요."

다음 날 다시 전화를 한 학생은 정중히 사과를 했습니다.

"제가 고3이라 지금이 대입에 아주 중요한 시기예요. 그런데 당연히 받을 줄 알았던 상을 못 받아 화를 참지 못하고 글을 올렸어요. 죄송합니다. 근데 제가 뭐 때문에 상을 못 받았는지는 알아야겠어요. 좀 알려주세요."

"저도 어제 학생과 통화하고 알아봤어요. 그랬더니 토론부문에서 0점 처리가 됐더군요."

"0점요?"

"그래요. 학생은 토론독재에 해당되었어요."

그랬습니다. 모 방송국 토론대회에 참가하면서 이름이 알려진 이 학생은 토론을 잘한다는 이야기를 주변에서 아주 많이 들었습니다. 또 자기가 가고 싶은 대학에 진학하기 위해 열심히 준비를 했습니다. 장관상을 받게 되면 입시에 유리하게 작용하는 부분이 있었으니까요.

꼼꼼히 준비를 많이 한 탓에 자신감에 가득 찬 이 학생은 토론의 기본은 경청이라는 사실도 잊은 채 자기 팀의 발언을 독점하면서 자신의 주장을 펼쳤습니다. 가끔은 사회자의 제지도, 상대 팀의 의견까지도 무시하는 태도로 발언하기도 했죠. 모두 다른 참가자에게 장관상을 뺏기지 않아야 한다는 욕심이 앞서 일어난 일이었습니다.

한국식 확장형 토론은 말하는 순서와 시간에 제약이 없습니다. 따라서 혼자 발언을 독점하지 못하도록 엄격한 감점제도를 통해 토론독재를 미연에 방지하고 있습니다. 그럼에도 그 학생은 욕심을 채우고픈 마음에 그 부분을 간과하고 말았던 것입니다.

대회가 끝난 후 심사위원들은 이 학생의 기본 태도에 문제가 있다고 판단했습니다. 그리고 거듭 논의한 끝에 토론부문에서 0점 처리를 했죠. 이 학생 때문에 다른 참가자들이 좋은 점수를 받을 수 있었음에도 기회를 놓치는 불행한 일이 벌어졌기 때문입니다.

토론독재는 친구도 죽이고 나도 죽이는 일입니다. 다른 참가자들이 누려야 할 공평한 발언기회나 합의된 발언기회를 가로채는 토론독재는 모든 토론에서 지양해야 할 기본적인 태도입니다.

참가자가
사회를 봐요

    수년 전, 부산의 한 고등학교에서 이틀에 걸쳐 전국토론대회가 열렸습니다. 첫날, 주최 측 강의를 세 시간 정도 듣고 나서 점심을 먹은 뒤 각 교실로 들어가 팀별로 토론을 시작했죠. 그런데 시간이 갈수록 사회를 보시는 선생님들이 주로 말을 하고 토론에 참가한 학생들은 가만히 듣기만 하는 이상한 일이 일어났습니다. 대부분의 교실에서 벌어지는 이 같은 모습에 '저렇게 진행하면 참가자들이 토론을 할 수 있을까?' 하는 의문이 들었습니다. 첫날은 그렇게 지나갔습니다. 이틀째 되는 날 너무나 궁금해 사회를 보던 몇 분에게 물었습니다.

    "왜 그러신 거예요?"

    대답은 비슷했습니다.

"아이들이 너무 모르더라고요. 비논리적이고 중구난방이어서 어떻게 하면 토론을 잘할 수 있는지 좀 구체적으로 설명을 해줄 수밖에 없었습니다."

당연히 학생들에게도 물었죠.

"어제 어땠니?"

"어제요? 강연 들었어요. 사회를 보신 선생님의 훌륭한 강연……
토론대회가 아니라 선생님의 강연대회였어요."

비논리적이고 중구난방이라 교육이 필요했다던 학생들은 그날의 문제점을 아주 정확히 알고 있었습니다.

토론은 '어른 중심'이 아닌 '학생 중심'으로 나아가야 합니다. 참가 학생들과 심사위원이 동시에 비밀투표로 평가를 해야 하는 이유도 거기에 있습니다. 성인 심사위원은 토론할 수 있는 바탕만 제공하면 됩니다. 토론에 관여해서는 안 되죠.

또 전국청소년토론축제 고등부 한국식 확장형 토론부문에서는 참가 학생이 직접 토론의 사회까지 맡아 진행합니다. 사회자로서의 능력도 토론능력의 한 부분이며, 토론 진행도 토론에 참여하는 행위라고 보기 때문입니다.

토론대회를 치르다 보면 가끔 고등학생들에게 토론의 사회를 맡겨도 되냐고 의문을 제기하는 분들이 계십니다. 그럴 때마다 저는 대답하죠.

"맡겨 보셨나요? 아이들을 믿고 맡겨 보십시오. 우리 친구들 참 잘합니다. 뛰어납니다. 정말 미래가 밝다는 것을 알게 되실 겁니다."

물론 아직 어리기 때문에 사회를 보는 과정에서 부족한 부분이 나타나는 것도 사실입니다. 때문에 토론의 진행이 어려울 정도로 사회자의 능력에 문제가 있다고 판단되면 참가자들의 건의와 동의를 얻어 사회자를 교체할 수 있도록 했습니다. 사회자가 진행을 제대로 못하면 찬반에 관계없이 전체가 불이익을 당하게 되는 문제에 직면한 참가자들이 스스로 논의해 만들어낸 규칙입니다.

청소년 자신들이 주인공이 되는 토론, 학생들이 직접 참여하고 생각하고 논의하는 과정을 담는 토론, 그 후 토론에서 느낀 점을 실생활에서 실천하는 토론이 진짜 토론입니다.

2장

토론을 멋지게 이끄는
7가지 방법이에요

토론에서 리더는 누구일까요? 그렇습니다. 사회자입니다. 한국식 확장형 토론의 전반적인 모습은 모 방송국에서 진행하는 '100분 토론'과 같다고 볼 수 있습니다. 대통령 후보 또는 지방자치단체장 후보들끼리 토론을 하는 시기에는 서양식 고정형 토론방식을 이용하지만, 평상시 '100분 토론'은 토론자의 숫자는 적을지라도 누구나 손을 들어 발언권을 얻을 수 있고, 발언시간의 제약을 크게 받지 않습니다. 물론 골고루 돌아가도록 사회자가 노력하죠. 때문에 평소의 '100분 토론'을 보면 사회자의 능력에 따라 내용이 충실하고 의미 있게 토론이 진행되기도 하고, 아무 의미 없이 짜증나게 진행되기도 하는 모습을 볼 수 있습니다. 사회자가 그 역할을 어떻게 수행하는가가 토론의 질을 좌우하는 것이죠.

제가 주장하는 토론의 방식에서도 마찬가지입니다. 그 역할에 따라 손석희 앵커처럼 오래도록 기억되기도 하고, 언제 그런 사회자가 있었느냐는 생각이 들 정도로 전혀 기억에 없는 사회자가 되기도 합니다. 퍼실리테이터 형 사회자가 필요한 것입니다.

'퍼실리테이터'란 보통 '토론 촉진자' 또는 '소통 디자이너'라고 부르는데(다른 분야에서는 다르게 부르기도 합니다만), 퍼실리테이터 형 사회자와 일반적인 사회자의 차이점은 다음과 같습니다.

	퍼실리테이터 형 사회자	일반적인 사회자
역할	참가자들의 공동 관심사에 따른 이견을 조정하고 창의적인 산출물을 도출한다.	행사 참석자 소개, 청중에 필요한 정보 안내, 화기애애한 분위기를 형성시킨다.
대본	일반적으로는 주어지지 않는다.	주어진다.
진행순서	몇 십 분 또는 시간 단위의 느슨한 계획으로 진행한다.(예상치 못한 상황이 도출될 수 있다는 내용이 전제되어 있음.)	분초 단위의 치밀한 계획으로 진행한다.
목적	의사결정, 최종 결과물을 도출시킨다.	목적이나 결론을 포함하지 않는다.
정보처리 과정	복잡한 정보처리 과정을 다룬다.(참가자들이 제시하는 정보들을 효과적으로 정리하고 결합하고 조직하고 발전시켜 참가한 목적에 다다를 수 있도록 지원함.)	단순한 정보처리 과정만을 다룬다.
상호작용	전체 참석자 간의 다양한 상호작용을 시도한다.(상호작용이란 육체적 활동보다는 정신적 정보 교환이 핵심임.)	사회자와 참석자 간의 상호작용만 시도한다.
행사진행 방법	발언 및 다양한 개념의 인지적 도구와 기법을 활용하여 참석자들의 지적(知的) 활동을 돕는다.	발언을 통해 행사를 진행한다.
격식	격식이 방해가 되는 경우가 많다.	격식이 중요하다.
태도	중립적이다.	객관적이다.

사회자에게 필요한 세 가지 능력

표의 내용으로는 퍼실리테이터가 되려면 어마어마한 능력이 필요한 것처럼 보입니다. 하지만 실제 토론에서 필요로 하는 '퍼실리테이터'로서의 사회자의 능력은 세 가지 정도로 요약할 수 있습니다.

첫 번째는 스토리텔링 능력입니다.

토론은 시작을 어떻게 하는가가 매우 중요합니다. 관점을 정확히 짚어주어야 하죠. 토론 시작 전 짧은 시간을 이용해 대립되는 관점과 다루어질 내용을 두루 건드려 주는 스토리텔링 능력만 있다면 토론의 문을 여는 데 필요한 사회자로서의 능력은 준비된 것입니다. 예를 들어 '왕따 문제 해결, 주변 사람들이 나서야 하나?'라는 주제를 가지고 토론을 한다면 다음과 같이 이야기로 시작하는 것이죠.

"왕따가 심각한 사회 문제로 떠오르고 있습니다. 인류의 역사와 함께 시작되었다고 해도 과언이 아닌 왕따가 최근 사회 문제로 대두되고 있는 이유는 그 심각성이 도를 넘었기 때문일 것입니다. 오늘 다루어질 토론주제는 '왕따 문제 해결을 위해 피해자인 당사자가 더 적극적으로 나서야 하는지, 아니면 주변의 사람들이 더 적극적으로 나서야 하는지'에 대한 것입니다. 어떤 사람들은 왕따를 당하고 있는 피해자가 적극적으로 나서야 문제가 해결된다고 주장하는 반면, 한편에서는 주변 사람들이 가해자들의 행위를 묵인해 일어나는 집단적 폭력이기 때문에 주변에서 적극적으로 나서야 문제가 해결될 수 있다고 주장합니다. 여러분들은 오늘 각각의 입장에 서서 논리를 펼쳐나가게 됩니다. 어떻게 하면 왕따 문제가 해결될 수 있는지 슬기로운 결과물을 얻어 갈 수 있는 자리가 되기를 바라며 토론을 시작하도록 하겠습니다."

이처럼 주제와 관련된 내용을 스토리텔링화해 오프닝을 하면 토론 참가자들에게는 토론에서 다루어질 주제를 환기시킬 수 있고, 사회자는 멋진 오프닝으로 그 역할을 충실히 수행하며 실력을 인정받게 됩니다.

두 번째는 정리와 요약, 배려와 발전의 능력입니다.

앞에서도 언급했지만 토론 참가자들은 자신의 생각을 제대로 표현하지 못하는 경우가 많습니다. 생각이 없어서가 아니라 드러내는 훈련이 안 되어서 일어나는 일들이죠. 잊어버릴까 두려워 여러 가지 이야기를 한꺼번에 쏟아내는가 하면, 시작해 놓고는 뒷말을 못 잇기도 합니다. 또 본인의 주장을 잃어버린 채 상대의 주장에 고개만 끄덕이고 있거나, 상대의 이야기를 잘못 이해해 삼천포로 빠지거나, 하나의 소재에서 빠져나오지 못하고 똑같은 내용을 반복하는 일이 종종 일어납니다.

이때 사회자가 길을 잘 보여주면 필요한 이야기들이 더 많이 다루어지면서 토론 참가자들이 제대로 길을 찾아갈 수 있습니다. 이런 일이 벌어지면 가장 먼저 참가자들의 이야기를 제대로 정리해 주어야 합니다. 사회자가 발언자의 길고 어수선한 발언내용을 짧고 명확하게 정리해서 상대에게 공을 넘겨주면 토론이 스피디하게 전개되기 마련이죠.

하지만 여기서 조심해야 할 것은 토론의 흐름에 따라 자연스럽게 내용을 전개시키면서 요약, 정리해야 함에도 불구하고, 안 해도 되는 상황에서도 의무감에 넘쳐 자꾸 정리를 함으로써 되레 토론의 흐름을 끊어놓는 경우입니다. 시작할 때는 정리와 요약을 하지만, 말의 물꼬가 터지면 그 흐름에 맡겨야 스피디한 토론의 즐거움을 맛볼 수 있습니다.

또 배려하고 발전시키는 능력을 보여주어야 합니다. 배려와 발전의 구체적인 모습은 여러 가지로 나타날 수 있습니다. 시작은 했으나 뒷말을 잇지 못하는 토론자가 있다면 뒷말을 이어 마무리를 해주는 일, 여러 가지 주제를 한꺼번에 쏟아내는 토론자에게는 천천히 하나씩 주제를 꺼내어 토론 테이블이 더욱 풍요로울 수 있도록 만드는 일, 본인이 말을 해놓고 길을 잃어버리는 토론자에게는 예쁘게 포장해서 본인의 이야기가 이렇게 아름다운 뜻을 담고 있음을 깨닫게 해주는 일, 자기도 모르는 사이에 상대방 쪽으로 넘어가려는 토론자가 있다면 어디서 표현의 브레이크를 잡아야 할지를 가르

쳐주는 일, 이야기가 삼천포로 빠지면 가야 할 방향의 이정표를 확실히 제시해 주는 일, 내용이 한 곳에서 머물러 맴돌면 새로운 내용을 제시하여 토론의 내용을 업그레이드시키는 일, 잘하는 토론자들이 한 팀에 몰려 있어 토론의 판이 한쪽으로 기울면 평평하고 넓고 균형 잡힌 토론이 되도록 뒤처진 팀에게 정보를 덧붙여주는 일 등이 바로 그 능력에 해당합니다.

세 번째는 '중립성'입니다.

"사회자로서 가장 힘든 부분은 토론 참가자들에게 나의 주관적 시각을 강요하지는 않았는가 하는 객관적 태도 유지에 대한 반성입니다."

한 토론 사회자의 말입니다. 그의 이런 고백은 과연 그에게만 해당되는 일일까요? 그렇지 않습니다. 토론 사회자라면 모든 이들이 매번 부딪히게 되는 부분이죠. 사회자는 토론을 진행하면서 주로 질문을 던지게 되는데, 어떤 방향으로 나아가기를 유도하는 질문이 아닌, 중립 입장에서 토론자에게 질문을 해야 합니다. 또 질문에 대한 대답이 나오면 토론 참가자의 대답에 긍정 또는 부정적인 입장이 아니라 중립적으로 잘 기록하는 역할을 해야 하죠. 이러한 태도를 보여야 참가한 모든 토론자들이 비로소 마음을 열고 토론을 하게 될 뿐만 아니라 토론의 공정한 분위기가 형성됩니다.

하지만 '중립'을 지키기는 쉬운 일이 아닙니다. 토론을 진행하다

보면 사회자로서의 역할을 잊어버리고 자기도 모르게 그 토론에 참가하고 있거나, 자신의 입장으로 토론자들을 몰고 가는 일이 종종 생기기 때문이죠.

왜 이런 일들이 일어나는 것일까요? 그것은 사회자의 마음속 깊은 곳에 자신이 남보다 더 많은 것을 알고 있을 뿐만 아니라 가장 객관적으로 이야기하고 판단할 수 있다는 잘못된 생각이 깔려 있기 때문입니다. 이런 일이 벌어지면 토론이 전체적으로 왜곡될 수 있으므로 정말로 주의해야 합니다.

중립적 태도는 마무리 부분에서도 요구됩니다. 마무리를 할 때, 오늘 토론은 어느 팀이 이겼다든지, 어느 팀이 졌다든지 하면서 승패를 암시하는 말을 해서는 안 됩니다. 그랬을 때는 '오늘 토론 주제의 정답은 바로 이것'이라는 잘못된 판단을 하게 하거나, 토론을 통해 상대방을 배려하는 마음을 키워야 함에도 '반드시 이겨야 한다.'는 대결적 태도를 갖게 할 수 있습니다. 마무리를 어떻게 짓는가에 따라 토론 참가자의 마음에 큰 상처를 남기거나 타인의 세계관을 주입시킬 수 있습니다. 따라서 퍼실리테이터로서의 사회자는 그동안 나온 양측의 입장을 짧게 정리해 주는 선에서 토론을 정리하고 끝내야 합니다.

토론을 멋지게 이끄는 7가지 방법

: 방법 1-토론자들이 말을 안 해요

토론을 시작했는데도 참가자들이 아무 말도 하지 않은 채 꿀 먹은 벙어리 행세를 할 때가 있습니다. 십중팔구는 참가자들이 잘 모르거나 친숙하지 않은 토론주제일 경우입니다.

이때 사회자는 다루기 쉬운, 실생활에서 자주 겪게 되는 일과 연관된 주제로 바꿀 줄 알아야 합니다. 예를 들어, 십대들끼리의 토론에서 '짜장면이 좋은가, 짬뽕이 좋은가?'라는 주제로 토론을 한다면 서로 먼저 말하려고 할 수도 있습니다. 현실과 얼마나 밀접하게 관련된 주제인지 아닌지가 참여도를 좌우합니다.

또 평소 같은 공간에서 생활하는 친구들이라도 토론을 하려고 모이면 서먹서먹할 때가 종종 있습니다. 평소에 어떤 주제를 놓고 이야기한 적이 별로 없어서이기도 하고, 그렇게 가까이 정면으로 얼굴을 보면서 이야기하는 경우도 드물었기 때문입니다. 친한 친구들끼리라도 서로의 마음을 여는 단계가 필요합니다. 바닥에 앉아서 하는 편안한 자리라면 얇은 담요 등을 준비해 모두 그 속에 손을 넣고 먼저 전기를 보낸 친구를 맞히는 전기 게임이나 친구 이름 불러주기 등 스킨십이 가능하고 친근감을 높일 수 있는 게임을 하고 토론에 들어가면 분위기를 반전시킬 수 있습니다.

마음을 열지 않으면 토론은 불가능합니다. 사회자는 토론 참가자들이 토론 중에 피력한 어떠한 발언이나 생각도 잘못된 것이 아님을, 모두 허용되는 것임을 토론 전에 알 수 있도록 미리 말해 두어야 합니다. 토론에 참가한 친구들이 자발적으로 먼저 마음을 열고 다가오기를 기대하는 것은 우물에서 숭늉을 찾으려는 것이나 마찬가지입니다.

⫶ 방법 2- 토론 내용이 주제를 벗어나요

참가자들이 토론의 주제와 관련 없는 이야기를 한다거나 주제를 벗어나 다른 길로 접어드는 이유는 주제에 대한 핵심을 제대로 파악하지 못했거나 이해하지 못했기 때문입니다. 또는 어떤 참가자는 주제에 대한 토론의 방향을 이해하고 있지만, 다른 참가자는 모르고 있을 때 일어나는 현상이죠. 이렇게 되면 다루어야 할 주제보다 사소한 영역이 오히려 크게 부각되기도 합니다.

따라서 토론 전 시간을 충분히 활용해 토론 참가자들에게 토론에서 다루어질 주제와 방향을 충분히 이해시켜야 합니다.

그럼에도 불구하고 토론 중에 그런 일이 발생할 때가 있습니다. 이때 사회자는 토론 과정에서 어떤 참가자가 방향을 엇나가고 있는지 빠르게 판단해야 합니다. 그리고 그 참가자의 이야기를 중간 중간 정리해 줌으로써 토론이 엉뚱한 옆길로 빠지는 어처구니없는 상황을 사전에 막아야 합니다.

방법 3-토론을 싫어해요

토론을 원활히 하려면 무엇보다 토론의 습관을 유지해야 합니다. 토론을 체질화해야 한다는 말이죠. 만약 책을 중심으로 한 독서토론만 계속한다고 생각해 보세요. 토론을 싫어하게 될 수도 있지 않을까요? 지겹기 때문이죠. 따라서 다음과 같은 다양한 토론을 해볼 필요가 있습니다

영화토론

온갖 영상기기가 활성화된 이후에 태어난 요즘 십대들은 글자보다는 영상에 익숙합니다. 그런 면에서 영화토론은 매우 적절한 토론형식의 하나인 것이죠. 영화는 한 편의 완성된 책을 읽는 것과 같은 효과도 있습니다.

영화토론은 영화를 보고 감독이 전달하고자 하는 내용이 무엇인지 찾아내, 그와 연관된 사회적 이슈를 토론의 주제로 삼으면 됩니다. 예를 들어, 〈죽은 시인의 사회〉 또는 〈여고괴담 1〉과 같은 영화는 교육의 문제점을 다루기에 적합하고, 찰리 채플린의 〈모던 타임스〉 같은 영화는 현대 산업사회가 안고 있는 문제점에 대해 토론할수 있죠.

하지만 이처럼 쉽고 친근하게 접근할 수 있다는 장점이 있는 영화토론은 영화를 보는 절대적인 시간이 필요합니다. 때문에 주어진 시간을 잘 판단해서 영화를 선별하거나 영화토론을 시도해야 하죠.

음악토론

음악토론은 말 그대로 음악을 듣고 자유롭게 토론하는 것을 말합니다. 음악을 듣고 토론이 가능할까요? 의아해할 수도 있지만, 같이 들은 음악에 대해 각자 느낌을 이야기하다 보면 서로 다르게 느낀 부분에서 자연스럽게 토론이 시작됩니다. 게다가 사회자가 그 음악을 만든 작곡가와 작사가 및 만든 이유, 시대적 배경 등 토론에 활용할 주변 지식을 준비해 이야기해 주고 토론을 유도하면 충분히 가능합니다.

미술토론

인터넷을 통해서 또는 책에서 피카소의 그림을 보았다면 그 그림이 무엇을 말하는지, 왜 그 색깔을 사용했는지, 제목과 무슨 연관성이 있는지를 돌아가며 발표해 보세요. 얘기를 하다 서로 다르게 생각하는 부분이 나오면, 그 부분을 사회자가 토론으로 발전시키면 됩니다. 음악토론처럼 사회자가 주변 지식이 될 수 있는 자료들을 미리 준비해 두면 좋습니다.

쟁점토론

쟁점토론은 참가자의 수에 따라 다양하면서도 탄력성 있게 적용할 수 있는 토론입니다. 다만, 반드시 찬반으로 나누어 진행해야 하죠. 미리 자료들을 준비하는 시사토론과 달리 쟁점토론은 읽을거리 없이, 즉 자료 없이 평소의 능력으로 바로 토론에 들어가는 형태를 이야기합니다.

⦂ 방법 4 - 토론 중에도 관심이 없어요

토론이 시작된 후에도 별 관심을 보이지 않는 참가자들이 있습니다. 이런 일이 사전에 일어나지 않도록 하기 위해서는 다음과 같은 방법들이 있습니다.

먼저 미리 적절한 칭찬과 포상을 제시해야 합니다. 토론 시작 전 개인이나 팀에게 어떤 포상이 있는지를 분명히 말하면 토론에 관심을 가질 수밖에 없죠. 또 토론이 끝난 후에는 열심히 한 참가자를 칭찬하고 약속한 포상을 반드시 이행해야 합니다. 또한 무관심하던 참가자의 태도가 조금씩 달라지기 시작하면 더 많은 칭찬을 해줍니다. 이전보다는 훨씬 적극적인 모습을 보일 가능성이 높아지죠.

토론에 무관심한 참가자를 참여시키는 또 다른 방법으로는 '흥미 또는 불만을 유발하는 내용을 통해 유도하는 방법'과 '공동 책임이라는 의식을 심어주는 방법'이 있습니다. 참가자의 흥미 또는 불만을 유발하는 내용에는 새로운 것, 사춘기에 있을 수 있는 지적 호기심을 유발시키는 것, 주변에서 일어나는 문제 현상 등이 있습니다. 또 공동책임이라는 의식을 심어줌으로써 참여를 이끌어내는 방법에는 설문조사한 내용으로 토론하기, 소설로 작품집 만들고 토론하기, 음식 만들고 토론하기 등이 있죠.

⦂ 방법 5-참가자의 짝이 안 맞아요

　십대들 대부분은 선생님이 일방적으로 편을 나누는 것에 익숙하거나, 먼저 의견을 말한 친구에게 기대는 경향이 있습니다. 이런 상황이라면 자신의 주장을 잘 드러내지 않아 토론이 활발히 진행되기 어렵죠. 이때 사회자가 해야 할 일 중 가장 중요한 것은 찬성과 반대 입장을 참가자들 스스로 정하도록 하는 일입이다.

　먼저 주어진 주제에 대해 참가자 각자에게 생각해 보는 시간을 주고 짧게 자신의 주장을 먼저 글로 쓰도록 합니다. 그리고 돌아가면서 글을 발표해 참가자의 입장이 찬성인지 반대인지를 확인합니다. 아니면 사회자가 양쪽의 입장을 쉽고 편하게 이야기해 줌으로써 참가자들이 자연스럽게 자신의 생각을 확인하고 찬성과 반대 입장을 정하도록 도와주어야 합니다.

　토론은 참가자를 찬반 동수로 나누고 시작하는 게 가장 이상적입니다. 하지만 부득이한 경우엔 사회자가 그 자리를 메울 수 있어야 합니다. 다만, 이런 경우 사회자 겸 토론자는 되도록 자신의 말을 아끼고 다른 참가자들이 고르게 발언하도록 도와주는 역할 정도만 하는 것이 좋습니다.

: 방법 6 - 토론을 독점하는 친구가 있어요

　토론을 하다 보면 다른 참가자들에게 발언의 기회가 갈 틈도 없이 일방적으로 혼자 자신의 주장만을 계속 이야기하거나, 사회자가 있음에도 혼자서 토론을 진행하려는 듯 온갖 상황에 나서는 참가자가 있습니다. 이는 본인도 많은 것을 잃는 행위이지만 다른 참가자들에게도 큰 불이익을 주게 되죠.

　이와 같은 상황을 발생시키지 않으려면 사회자는 참가자들에게 발언의 기회를 골고루 나누어 준다는 인식을 각인시켜야 합니다. 사회자의 중요한 역할 중 하나가 형평성이 담보되는 토론 진행입니다. 발언의 기회를 고루 줄 권한이 있다는 점을 사전에 토론 참가자들에게 확인시킴으로써 참가자 모두에게 해당되는 규칙과 역할이 있음을 주지시켜야 합니다.

　또 미처 자신의 주장을 펴지 못한 다른 참가자들이 자신의 생각을 정리해서 발표할 수 있도록 유도해야 합니다. 한 참가자가 혼자 토론을 독점하는 상황이 오래 지속되다 보면, 미처 자신의 생각을 정리하지 못한 다른 참가자의 차례가 되었을 때 토론의 흐름이 끊길 우려가 있습니다. 따라서 사회자는 발언기회를 균등하게 주는 한편 직전까지의 토론 내용을 발언기회를 얻은 다음 참가자에게 다시 한 번 정리해 주는 것이 좋습니다. 그래야만 토론 독재로 인해 자신의 주장을 펴지 못했던 참가자들이 자신의 생각을 정리할 수 있습니다. 또한 토론을 독점한 참가자의 주장에 어떤 허점이 있는 지를 슬쩍 이야기해 가며 다른 참가자들이 토론에 참여할 수 있도록 틈을 만들어주는 방법도 괜찮습니다.

반면, 토론을 독점한 참가자 역시 마음이 다치지 않도록 존중해야 합니다. 독점 발언하는 참가자의 주장을 끊는 등 토론에서 호흡을 고를 때 사회자가 배려해야 할 부분은 무엇인지 생각해야 하죠. 토론 독점자로 하여금 주장을 잘못했다거나 소외되었다는 느낌을 갖게 해서는 안 됩니다. 그의 의견을 최대한 존중하면서 토론의 맥을 다시 이어가야 합니다.

토론자들이 토론 현장에서 발언을 독점하는 이유는 칭찬을 받고 싶거나, 친구들에게 우월해 보이고 싶거나, 지적 욕구가 남들보다 강하기 때문입니다. 칭찬을 받고 싶거나 우월해 보이고 싶어 하는 토론자들에게는 잘한다는 말을 자주 해주면 문제가 자연스럽게 해결됩니다만, 지적 욕구가 강한 토론자들의 경우에는 토론을 재미있게 하는 방법이 무엇인지를 계속해서 알려주는 것이 좋습니다. 즉, 토론에서의 자세와 역할을 충분히 이해시키고 경험하도록 해야 한다는 말입니다.

토론 참가자들이 토론 규칙을 지키지 않는 또 하나의 이유는 자신이 그 규칙을 인정하지 않기 때문입니다. 그런 토론자가 있다면 토론 전 간략한 회의를 통해 '발표할 때는 손을 들어야 하고, 이를 어길 때는 토론이 끝나고 벌칙을 받아야 한다.'는 등의 규칙을 참가자들이 스스로 정하게 해야 합니다. 분명히 토론 전에 규칙을 지켜야 한다는 자세를 확립시킬 수 있습니다.

⦂ 방법 7- 참가자가 너무 많아요

많은 사람들이 토론은 참가자의 수가 적어야 효과적이라고 생각합니다. 특히 부모님들이 그렇죠. 자기 아이에게 더 많은 발언의 기회가 돌아가길 바라는 마음 때문입니다. 하지만 그와 같은 인식은 한 가지는 얻을 수 있지만 다른 한 가지는 잃을 수밖에 없는 안타까움을 자아냅니다.

"한 사람이 백 권의 책을 읽으면 한 권의 책이 나오지만, 한 권의 책을 읽고 백 명이 토론하면 백 권의 책이 나온다."는 말이 있습니다. 남의 경험과 생각을 통해 얻어지는 지식의 양을 의미하죠. 토론은 경청과 표현의 능력을 함양하는 동시에 다른 참가자들의 지식을 얻는 효과가 있음을 잊어서는 안 됩니다. 역설적으로 이야기하면 토론에서 참가자의 수가 적으면 적을수록 다양한 의견 수렴이 어려울 뿐만 아니라, 토론을 통해 얻는 지식의 양도 적을 수밖에 없다는 뜻이죠.

그러면 과연 몇 명 정도가 적당할까요? 20여 년이 훌쩍 넘는 동안의 경험에 비추어 보면 11명에서 15명 정도가 적당합니다. 찬성과 반대 각각 5~7명, 사회자 1명으로 구성되면 논의도 다양해지면서 토론의 열기도 매우 뜨거워집니다.

독서토론은
재미있는 놀이예요

-기적의 키워드 독서토론법

키워드 독서토론

"토론은 놀이다."

놀이처럼 토론을 해야 한다는 말입니다. 토론은 어렵고 무섭고 두려운 존재가 아닙니다. 우리의 아이들은 아프다고 아우성치는데, 이에는 아랑곳하지 않고 계속해서 의미 찾기, 주제 찾기 등 정답을 찾아 나서게 만들어서는 안 됩니다.

고정관념을 버리고 아이들과 어떻게 호흡할 수 있는지를 고민하는 것이 전문가들이 해야 할 일입니다. 힘들어하는 아이들에게 무조건 따라 오라고 강요해서는 안 됩니다. 독서토론은 지적 확장을 위한 수업으로 토론과 토의가 섞여 있는 비경쟁적 토론방식입니다. 모 방송국의 〈역사저널 그날〉이라는 프로그램을 보면 전형적인 독서토론이 무엇인지 알 수 있습니다.

독서토론의 핵심은 '키워드'입니다. 같은 책을 읽고 돌아가며 '키워드 찾기'를 해보면 중요하게 생각하는 키워드는 대부분 같다는 사실을 알게 되죠. 책을 설명하는, 밖으로 드러나는 키워드는 대개 등장인물, 상징물 등으로, 책 속 스토리를 이어가는 데 빠져서는 안 되는 단어들이 사람들의 머릿속에 대부분 비슷하게 자리 잡고 있음을 발견하게 되니까요. 이같은 '키워드'만 충분히 찾아 독서토론을 진행하면 한두 시간은 금방 지나갑니다. 독서토론은 심각하게 하는 게 아닙니다. 아니, 심각해서는 절대로 안 되죠. 키워드를 활용해 독서토론을 한다면 함박웃음이 넘쳐나는 독서토론을 경험할 수 있습니다.

"교수님, 오늘 정말 많은 것을 배우고 갑니다. 방학 중에 독서토론을 한다는 걸 우연히 알게 돼서 아이에게 도움이 될 것 같아 부랴부랴 신청하고 참여했는데, 너무 많은 것을 배웠습니다."

"제가 오늘 한 거라고는 아이들과 독서토론하면서 함께 놀아준 것밖에는 없는데, 부모님께서 많은 걸 배우셨다니 제가 감사할 일이죠."

"아니에요. 정말 많이 배웠습니다. 그리고 진심으로 반성하는 시간이 되었어요. 먼저 그동안 아이에게 책을 읽고 무엇이 쓰여 있는지 확인하는 것을 독서교육이라고 생각했던 저의 모습이 얼마나 잘

못되었는지를 깨달았습니다. 그게 독서토론을 하는 건 줄 알았으니까요. 제가 생각했던 독서토론은 아이에게는 강요당하는 또 하나의 수업일 뿐이었던 것이었습니다. 그리고 이곳에서 '굴리다 토론박스'를 이용해 재미있게 진행하는 모습을 보면서, 독서토론을 위해서는 여러 가지 재미있고 다양한 방법들을 활용해야 한다는 것을 알았습니다. 정말 감사합니다."

2014년 의정부 가능초등학교 독서토론 겨울방학 특강에서 있었던 대화입니다. 초등 1~2학년생들을 대상으로 한 수업이었는데 몇 명 오지 않았더라고요. 그나마 아이들을 데리고 온 보호자들까지 포함해서 열 명을 데리고 특강을 해야 했습니다. 그중에는 할머니도 한 분 계셨죠. 많은 강의를 다녔던 저도 이런 구성으로는 단 한 번도 해본 적이 없었습니다. 하지만 그냥 돌아갈 수도 없는 일이었습니다. 적어도 온 다섯 명을 실망시키지는 말아야 했으니까요.

독서토론에 본격적으로 들어가기 전 '원숭이 엉덩이 게임'을 했습니다. 입을 풀면서 서로를 알아가는 것뿐만 아니라 토론능력을 키우기 위한 이미지 연상훈련임을 알려주었죠. 게임이 시작되자마자 교실은 아이들과 부모님들의 웃음소리가 가득 들어찼습니다.

그러나 문제는 본격적인 독서토론이었습니다. 책을 가져온 아이, 안 가져온 아이, 읽고 온 아이, 안 읽고 온 아이가 섞여 있는데다가 보호자들은 읽지 않은 게 분명하니까요. 이런 상황에서 벗어나려면 독서토론 교재의 내용을 빨리 공유해야 했습니다. 제일 먼저 책을 갖고 온 아이에게 큰 소리로 책을 읽도록 했죠.

책의 내용을 모두가 알게 된 후 그 내용을 재미있는 이야기로 꾸며 들려줄 사람을 뽑았습니다. 전체 줄거리를 정리하면서 다시 한 번 책의 내용을 확인시키는 작업이었죠. 그리고는 나뭇가지가 그려진 백지를 한 장씩 나눠주고 나뭇가지 위에 책의 내용 중에서 생각나는 단어를 쓰도록 했습니다. 일종의 마인드맵이었는데, 머릿속에 숨어 있는 키워드를 찾기 위한 과정이었습니다.

마인드맵이 끝난 후 각자 나뭇가지 위에 쓴 단어를 겹치지 않게 하나씩 발표시켰습니다. 저는 키워드 판 하나에 참가자들이 발표한 단어 하나를 쓰고, 빈 키워드 판에는 '노래 한 곡', '섹시댄스', '엉덩이로 이름 쓰기' 등 몇 가지 재미있는 벌칙을 써서 토론박스에 단어와 함께 끼워 넣었죠.

이제는 굴리다 토론박스를 굴리기만 하면 되었습니다. 토론박스가 굴러가다 서면 그 면에 들어 있는 키워드 판을 뽑아 나온 단어를 주제로 토론을 진행하기만 하면 되니까요. 참가자 중 한 명을 선택해 토론박스를 굴리도록 했습니다. 단순한 키워드로는 여러 면에서 가볍게 말을 나눴고, 찬반으로 대립되는 키워드로는 좀 더 깊이 있는 이야기를 나누었습니다. 어떤 때는 가볍게, 어떤 때는 깊게 이야기를 나누면서 모두가 웃고 즐기는 행복한 독서토론이 되었습니다.

그리고 마지막으로 독서신문 제목 정하기를 했습니다. 독서토론을 끝내고 나서 '만약 기자로서 신문에 실을 기사를 써야 한다면 제목을 어떻게 정할 것인가.'를 생각해 발표하는 과정이죠. 토론의 내용을 한 문장으로 정리하는 순서를 통해 그 열매를 온전히 자신의 것으로 만들 수 있도록 한 장치였습니다.

토론이 끝나고 처음에 걱정했던 것이 불필요한 기우였음을 알았습니다. 강압적인 독서교육을 해왔던 부모님들이 반성하는 계기가 되었지만, 저도 많은 것을 배우는 시간이었습니다. 또한 아이들에게는 독서토론이 얼마나 재미있는가를 경험하는 시간이기도 했습니다.

굴리다 토론박스로 누구나 굴리고 뽑고 돌아가며 말하면서 즐겁게 독서토론을 하는 기적의 키워드 독서토론법은 앞에서 언급한 의정부 가능초등학교의 특강에서처럼 4단계로 나누어져 있습니다.

1단계 돌아가며 책 읽기
2단계 단어 찾아 말하고 키워드 판에 쓴 후 토론박스에 꽂기
3단계 굴리다 토론박스 굴려서 나오는 단어로 독서토론 진행하기
4단계 독서신문 제목 정하기

집 또는 학교, 가족이나 친구들을 포함한 누구와도 재미있게 독서토론을 할 수 있습니다. 온가족이 모여 가족독서토론대회를 해보

는 건 어떨까요? 더욱 화기애애해진 집안 분위기는 물론 부모님과 아이들 모두 서로의 생각을 확인하고 이해할 수 있지 않을까요? 또 학교에서 굴리다 토론박스를 굴리면서 독서토론을 한다면 교실 안에 왕따는 없어질 것입니다.

1단계	2단계	3단계	4단계
시작	준비	진행	마무리
돌아가며 책 읽기	단어 찾아 발표하고 키워드 판에 꽂기	굴리다 토론박스 굴려서 나오는 단어로 독서토론 진행하기	독서신문 제목 정하기

: 십대도 사회를 볼 수 있는 키워드 독서토론법

"저는 아는 게 별로 없어서 사회자는 어려울 것 같아요."

토론 사회를 보라고 권유하면 맨 먼저 듣는 말입니다. 과연 토론에서 사회자는 토론자들보다 지식이 월등해야만 그 역할을 잘 수행할 수 있을까요? 만약 그렇다면 우리나라의 토론 사회자는 전부 박사들이어야만 할 것입니다.

토론을 잘하는 사람들은 어떤 무기를 갖고 있을까요? 여러 가지가 있겠지만 그중 한 가지는 분명 '누가 더 많은 경험을 갖고 있는가.'일 겁니다. 토론에서 사회자의 역할을 잘 수행할 수 있는 척도는 '경험의 축적이 얼마나 됐는가.'일 뿐이라는 말이죠. 하지만 아는 게 별로 없어서 토론 사회자는 어려울 것 같다는 말에는 적어도 '토론 참가자들보다는 사회자가 아는 게 더 많아야 한다.'는 의미가 숨어 있습니다.

올림픽에 출전해 세계 최고를 꿈꾸는 선수의 코치가 꼭 올림픽 금메달리스트일 필요는 없습니다. 마라톤 선수가 수십 킬로미터를 엄청난 속도로 뛸 때 코치는 자전거를 타고 옆에서 더욱 열심히 뛰도록 독려하는 것처럼 말이죠. 토론 사회자는 선수가 아닌 코치의 역할입니다.

'독서토론' 하면 '토론의 시작을 어떻게 열어야 하며 진행하고 마무리해야 하는가.'를 어려워합니다. 전체적으로 두려워하는 거죠. '굴리다 토론박스'를 이용해 '키워드 독서토론'을 할 때도 마찬가지입니다.

그런 이유로 키워드 독서토론이 진행된 현장에서 다루어진 내용을 다음에 그대로 옮겨보았습니다. 또한 전형적인 진행방법부터 즉시 응용한 부분들까지 모두 소개함으로써 주어진 상황에 적극적으로 대처하는 방법도 알 수 있도록 했습니다.

앞에서도 언급했듯 '키워드 독서토론법'을 활용하면 남녀노소 누구나 쉽게 독서토론을 할 수 있습니다. 그리고 키워드 독서토론의 사회는 더 쉽습니다.

독서토론 1
심청이는 효녀인가?

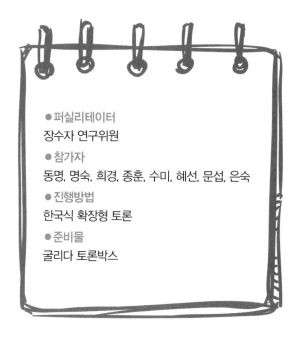

● 퍼실리테이터
장수자 연구위원
● 참가자
동명, 명숙, 희경, 종훈, 수미, 혜선, 문섭, 은숙
● 진행방법
한국식 확장형 토론
● 준비물
굴리다 토론박스

1. 토론 열기

퍼실리테이터 심청전은 오랜 시간 우리 민족과 함께해 온 고전입니다. 이 고전 소설이 다양화의 시대가 도래함에 따라 다양한 시각으로 해석되고 있어 그 재미를 더하고 있습니다. 당연히 주관식 시대에 걸맞은 행위이며, 개인적으로는 매우 고무적인 행위라고

생각하고 있습니다.

오늘 이 자리에 모인 우리도 심청전을 얼마나 다양하게 해석할 수 있는지 독서토론을 통해 도전하는 시간을 갖도록 하겠습니다. 진행방법은 늘 하던 대로 자유로운 분위기에서 소설을 통한 지적 확장을 중심으로 토론할 부분이 나오면 앉은 자리에서 찬반의 입장으로 나눠 토론하는 방식을 취하겠습니다. 독서토론의 자유로운 분위기 유지를 위해 진행을 위한 많은 제약조건은 내려놓을 겁니다. 말하는 순서나 말하는 시간 등에 신경 쓰지 마시고 발언하고 싶으면 언제든지 사회자에게 손을 들어 표시하시면 됩니다. 그리고 발언할 때에는 꼭 존칭어를 사용해 주시기 바랍니다.

2. 단어 찾고 키워드 판에 꽂기

퍼실리테이터 머릿속에 생각나는 키워드를 하나씩 돌아가며 발표해 주세요.〔퍼실리테이터는 좀 더 재미있고 흥미로운 토론을 위해 키워드 판에 찾은 키워드뿐만 아니라 몇 개의 벌칙(섹시댄스, 팔굽혀펴기 3회, 엉덩이로 이름쓰기 등)을 적어 굴리다 토론박스에 같이 꽂습니다.(분량으로 인해 몇 개의 키워드만으로 재구성하였습니다.)〕

> **나온 단어**
> 심청이, 심봉사, 공양미 삼백 석, 연꽃, 용궁, 맹인, 잔치, 왕비, 뺑덕어멈.

3. 토론 시작

퍼실리테이터 독서토론을 시작할 수 있도록 어느 분이 먼저 '굴리다 토론박스'를 굴려주시겠습니까?

수미 제가 굴리겠습니다.

퍼실리테이터 네 굴려주시고 멈추면 그 면의 키워드 판을 뽑아 그곳에 적힌 키워드를 발표해 주시기 바랍니다.

수미 연꽃이요.

퍼실리테이터 네 그럼 오늘 독서토론은 연꽃으로 시작하겠습니다. '연꽃' 하면 생각나는 이야기가 있는 분은 손을 들고 말씀해 주십시오.

희경 연꽃은 아름다움과 가냘픔을 상징하는 것 같아요. 심청이의 효성스러움을 더욱 예쁘게 만들어주기 위한 물건이라고 봅니다.

혜선 불교의 영향이 아닐까합니다. 불교의 그림이나 사진을 보면 연꽃이 많이 나타납니다. 스님이 등장하는 것으로 보아 심청이가 살던 시절은 불교를 믿었을 것으로 추측됩니다. 자연스럽게 등장할 수 있었던 거죠.

은숙 연꽃은 더러운 흙탕물에서 자라면서 너무나 아름다운 꽃을 물 위로 피웁니다. 그건 단순히 불교의 영향이었다기보다는 심청이의 효성을 드러내기에 적당한 꽃이었기 때문에 사용되었다고 저는 봅니다.

종훈 전 연꽃이 크기 때문에 심청이를 물 밖으로 다시 환생시키기에 적당한 크기여서 사용된 것 같은데요. 봉오리에 쏙 들어가면 공기도 주입되고……

문섭 그런데 연꽃은 민물에서도 살고 바닷물에서도 살 수 있나요?

퍼실리테이터 그러게요. 연꽃이 바다에서 핀다는 것은 좀 이상한데, 여러분들은 어떻게 생각하십니까?

수미 약간 비과학적이기는 하지만 소설이 꼭 과학적이어야 하는 건지는 모르겠네요. 전 심청이를 더욱 부각시키기 위해서 그 정도는 그냥 넘어가도 되지 않나 생각합니다.

동명 용궁, 용왕, 연꽃은 분명 불교의 영향을 그대로 보여주는 것이면서, 중국의 영향을 받았다는 것을 증명한다고 봅니다. 용은 중국을 대표하는 상징이라고 들었거든요.

퍼실리테이터 자, 그럼 다음 키워드를 누가 찾아주시겠습니까? 굴리실 분!

문섭 제가 굴리겠습니다. 뺑덕어멈이 나왔습니다.

퍼실리테이터 그럼 이제부터는 뺑덕어멈을 가지고 이야기를 시작하겠습니다. 뺑덕어멈은 어떻게 생겼을까요?

희선 못생겼을 거라고 생각합니다. 이름이 너무 심술궂고 욕심 사납게 들리잖아요.

수미 나는 예뻤을 거라고 생각하는데요. 그 이유는 이 사람 저 사람 유혹을 했는데도 먹힌다는 건 예쁘다는 것이죠.

동명 저는 생각이 다릅니다. 뺑덕어멈이 유혹한 사람들은 전부 봉사들입니다. 앞을 보지 못하는 사람들이 얼굴을 보고 선택했으리라고는 생각할 수 없습니다. 목소리는 남자들이 혹할 정도로 좋았을지 모르지만 얼굴은 아닐 수도 있는 거지요.

혜선 전 목소리도 그렇게 중요하다고 생각하지 않습니다. 앞을 못보는 사람들은 목소리보다는 옆에서 챙겨주기만 해도 고맙게 생각하기 때문에 목소리도 안 예쁠 수 있다고 생각합니다.

문섭 전 작고 못생긴데다가 얼룩덜룩한 피부를 가졌을 수도 있다고 생각하는데요.

퍼실리테이터 그러니까 옛날 어르신들이 대단하다는 거예요! 심청이, 뺑덕어멈. 어찌 그리도 이름을 알맞게 지었는지 말이에요. 아무튼 소설 속에서 뺑덕어멈의 역할은 무엇이었을까요?

동명 악역이었을 거라고 봅니다. 소설은 악역이 있어야 착한 사람이 더 드러나는 법이잖아요.

희경 저는 악역이었다기보다는 약삭빠른 사람이었을 거라는 생각이 듭니다. 뺑덕어멈은 살아남기 위한 수단으로 심봉사를 이용한 사람이지 폭력적이지는 않았다고 보여지거든요. 백설공주에서의 새 왕비처럼 심청이를 괴롭혔다든지 하는 부분은 없잖아요.

수미 심청이와 심봉사를 극적으로 만나게 하는 중간 역할인 것 같아요. 심봉사의 재산을 탕진하면서 괴롭히다가 맹인잔치에 심봉사를 데려다 주는 역할…….

문섭 그런데 궁궐까지는 안 갔잖아요. 그냥 다른 맹인하고 눈이 맞아 달아나는 역할인데요?

수미 그러니까 심봉사와 심청이가 더 극적으로 만나게 되는 거잖아요. 둘이 만났는데, 그 옆에 뺑덕어멈이 있다? 이건 감동이 약한 거 같지 않아요?

퍼실리테이터 네, 잘 알겠습니다. 열기가 조금씩 뜨거워지네요. 다음 키워드를 찾아 이 분위기를 더욱 뜨겁게 만들어주실 분, 어느 분인가요.

희경 제가 굴리겠습니다.

퍼실리테이터 네 굴려주시고 키워드를 발표해 주세요

희경 네, 심청이입니다.

퍼실리테이터 심청이는 어떤 모습이었을까요?

문섭 전 이름보다는 못생긴 얼굴이라고 생각합니다. 왜냐하면 정말 엄청 예뻤다면 큰 대감집이나 이런 곳에서 며느리로 데려갔지 인당수에 빠졌을까요?

혜선 전 반대 생각입니다. 임금님의 부인, 왕비가 되었는데 어떻게 아름답지 않을 수가 있겠습니까? 이름만큼이나 예뻤을 것이라고 확신합니다.

동명 꼭 외모 때문에 임금님의 왕비가 되었다고 할 수 있을까요? 연꽃에서 나온 사람을 왕비로 안 받아들일 수가 있나요? 외모가 아니라 하늘이 무서워서 왕비로 받아들일 수도 있다고 보기 때문에 그 주장에 동의할 수 없습니다.

수미 외모는 보통 수준이고 마음이 예뻤을 것입니다. 심청이라 이름 지어준 것은 외모보다는 마음씨였을 테니까요!

퍼실리테이터 오늘 한마디도 안 하고 있는 명숙 님, 발언 기회를 드릴 테니 말씀 부탁드립니다.

명숙 저는 심청이가 착하고 예쁘고 효성스러운 사람이 맞는다고 봅니다.

퍼실리테이터 네, 짧은 발언 감사합니다. 그럼 내용을 좀더 발전시켜서 심청이는 효를 실천한 것이 맞는지, 오랜 시간 우리에게 알려진 것처럼 효녀가 맞는지에 대한 토론을 해보겠습니다. 앉은 자리에서 자유롭게 옆의 친구랑 가위 바위 보를 해주십시오. 이긴 분들은 '심청이는 효녀가 맞다.'로 주장해 주시고, 진 분들은 '심청이는 효녀가 아니다.'라는 주장을 펴는 걸로 토론을 하도록 하겠습니다.

- **이긴 팀** 동명, 명숙, 희경, 종훈
- **진 팀** 수미, 혜선, 문섭, 은숙

명숙 사회자님, 팀끼리 모여서 의논을 하고 토론에 참여할 수 있도록 작전타임을 주시면 안 되나요. 제가 잘 몰라서요.

퍼실리테이터 네, 알겠습니다. 그러면 토론을 들어가기 전에 10분간 '생각 나누기' 시간을 갖도록 하겠습니다. 각 팀들은 '상대방의 예상 공격 내용', '그에 대한 방어 내용', '상대방을 꼼짝 못하게 공격할 내용'의 세 가지를 중심으로 논의를 하시면 될 것 같습니다. 그러면 지금부터 10분간 '생각 나누기'를 시작하겠습니다. 각 팀은 서로 모여 논의할 자리로 이동해 주십시오. 스마트폰을 이용해서 근거를 많이 확보하는 것도 좋은 준비가 될 것입니다. 지금부터 시작하십시오!

퍼실리테이터 자, 10분이 지났습니다. 모두들 토론 형태로 앉아주시기 바랍니다. '심청이는 효녀가 맞는가?'에 대하여 각 팀별 입장에 맞춘 충분한 자료들이 준비되었으리라 보고 바로 토론을 시작하도록 하겠습니다. 서양식 토론은 보통 긍정 팀이 모두발언을 하는 형태지만 저희 한국식 확장형 토론은 먼저 신청한 팀이 모두발언의 기회를 가져가실 수 있습니다. 어느 팀이 모두발언을 시작하시겠습니까? 네, '심청이는 효녀가 아니다.' 팀이 좀 더 빨리 신청을 했기 때문에 모두발언 기회를 갖도록 하겠습니다.

수미 심청이는 효녀가 아닙니다. 눈이 보이지 않는 아버지를 남겨두고 인당수에 빠진다는 것은 아무리 아버지의 눈을 뜨게 하기 위한 거라고 해도 부모의 마음에 못을 박는 일이기 때문에 도저히 효녀라고 불러줄 수가 없다고 봅니다.

퍼실리테이터 부모의 마음에 못을 박았는데 어떻게 효녀라고 할 수 있느냐라는 주장이시네요. 혹 같은 팀에서 보충 또는 부가하실 분 손들어주세요. 새로운 내용을 발언하셔도 됩니다.

혜선 맞습니다. 정말 효녀라면 눈먼 아버지 곁에서 있어 주어야 하는 게 아닐까요?

문섭 공양미 삼백 석을 바친다고 눈을 뜬다는 보장이 있는 것도 아니었을 텐데 스님 말만 듣고 인당수에 빠진 것은 눈 먼 아버지를 둔 딸로서 성급한 판단이 아니었나 생각됩니다.

퍼실리테이터 네, 잘 들었습니다. '심청이는 효녀다' 팀. 지금 이 주장들에 동의하시나요?

동명 동의할 수 없습니다. 눈 먼 아버지가 얼마나 불편하게 생활하는지를 알고 있는 심청이는 아버지가 눈만 뜰 수 있다면 어떤 일이든 했을 것입니다. 아버지를 위한 이런 마음이 효심이 아니면 무엇이란 말인가요?

명숙 맞습니다. 효녀가 아니었다면 평생 앞을 보지 못하고 지내는 아버지에게 눈을 뜰 수 있게 해준다는 스님의 말을 믿지 않았을 것입니다.

희경 스님의 말을 들었을 때 정말 하늘이 내려주신 복이라고 생각했을 것입니다. 그래서 주저하지 않고 인당수에 몸을 던진 심청이는 효녀입니다.

퍼실리테이터 심청이가 일부러 자살을 선택했다고 주장하시는 분들이 있던데, 그런 주장에 대해서는 어떻게 생각하십니까?

종훈 가끔 그런 주장을 하시는 분들을 봅니다만, 아버지의 눈을 뜨게 하기 위해 인당수에 몸을 던진 사건을 두고 자살이라는 주장은 근거가 희박합니다. 그랬다면 아마 오래 전 자살했겠죠. 따라서 심청이가 인당수에 몸을 던진 것은 자살이라고 볼 수 없습니다.

은숙 저는 자살을 했을 가능성에 대해 인정합니다. 얼마나 어렵고 힘든 삶을 심청이가 살아가고 있었습니까? 의지할 사람이라고는 아버지 심봉사 한 사람뿐인데, 어느 날 아버지가 '공양미 삼백 석이 있으면 눈을 뜰 수 있다고 스님이 말했다'면서 한숨을 쉬었으니 심청이는 얼마나 괴로웠겠습니까? 모든 것을 포기하고 싶었을 겁니다.

종훈 지금 무슨 말씀을 하시는 겁니까? 그게 왜 그렇게 해석이 되나요? 괴로워하는 심봉사, 눈을 뜨고 싶어 하는 아버지의 모습을 보면서 자발적으로 인당수에 몸을 던지는 효성스러운 심청이로 봐야지, 자살이라니요?

혜선 잘 생각해 보세요. 아무것도 없는 살림에 덥석 공양미 삼백 석을 약속하는 아버지, 생활이 곤란할 정도로 궁핍한 살림에 팔랑귀를 가진 아버지와 더 이상 무슨 희망이 있겠습니까? 모든 것을 포기하는 자세로 몸을 던졌다고 봐야 합니다. 책임감을 가지고 몸을 던졌다고 해석하기에는 무리한 면이 있습니다. 아버지를 옆에서 보살펴야 함에도 인당수에 빠지는 것은 자살의 의미가 더 크다, 삶을 포기하는 모습이 더 컸다고 해석할 수 있습니다.

희경 남을 위해 죽는 마음을 생각해 보셨나요? 보통사람들이 할 수 있는 일인가요? 자식이 부모를 위해 죽는다는 것은 엄청난 두려움과 고통을 넘어서야 가능한 일입니다. 남을 위해 나를 희생하는, 아버지를 위해 나를 희생하는 것은 위대한 죽음이자 효입니다.

문섭 몸이 성치 않은 아버지를 두고 자식이 먼저 죽는다? 옛말에 '신체발부(身體髮膚) 수지부모(受之父母)'라는 말이 있습니다. 부모님께 물려받은 몸을 다치지 않게 하는 것이 효도의 시작이라는 말이죠. 유교의 정신이 확고히 지켜지던 조선시대에 부모보다 먼저 죽는 자식이 과연 효를 행한 것일까요? 자식을 먼저 보내는 부모의 마음은 얼마나 아프겠습니까?

명숙 저는 부모가 원하는 것을 해드리는 것이 효라고 생각합니다. 심봉사가 그렇게 눈을 뜨고 싶어 하는데, 자식 된 도리에서 아버지가 원하는 것을 해주는 게 효 아닌가요? 상대 팀 토론자들은 부모가 원하는 것을 하지 않고 사십니까? 부모님이 원하는 것을 하지 않고 내 마음대로 하면서 '나는 효자다, 효녀다'라고 생각하십니까? 부모님이 원하는 것을 해드리는 것이 효이기 때문에 심봉사가 원하는 것을 해준 심청이는 효녀가 맞습니다.

수미 심청이가 삶을 포기하고 효를 실천하는 것처럼 포장하는 것은 여러 군데에서 보입니다. 앞에 다루어진 내용이 그렇고요. 왕비가 되었는데도 바로 찾아가지 않고 굳이 맹인잔치를 통해서 만났다는 것은 효녀라고 보기가 어렵죠.

퍼실리테이터 네, 좋은 내용으로 뜨겁게 토론을 해본 것 같습니다. 그러면 한 가지만 더 얘기해 보고 다른 키워드로 넘어가도록 하겠습니다. 심청이가 인당수에 빠진 이후 '공양미 삼백 석'의 주인은 누가 되어야 옳은 건가요?

은숙 스님 거 아닌가요? 공양미란 이미 절에 바치기로 한 거니까…….

동명 전 심봉사가 가져야 한다고 생각합니다. 심청이가 인당수에 빠졌는데도 눈을 뜨지 못했으니까요.

희경 뺑덕어멈의 몫도 있다고 봅니다.

수미 뱃사람들이 아닐까요. 심청이가 주인인데, 인당수에 빠졌으니 원래 주인에게 돌려줘야 하는 것 아닙니까?

문섭 저는 국가에 반납해야 한다고 생각합니다. 심청이가 죽었으니 주인이 없는 것이니까요.

퍼실리테이터 좋은 의견들 감사합니다. 다음 내용으로 넘어가기 위해 어느 분이 '굴리다 토론박스'를 굴려주시겠습니까?

은숙 제가 굴리겠습니다. 스님이 나왔습니다.

퍼실리테이터 자, 그럼 '스님'에 대해서 이야기를 시작해 보겠습니다. 정확히 몽운사 주지스님인데, 스님은 주로 어떤 일을 하는 사람인가요?

종훈 사람들에게 불교를 전파하는 사람이라고 생각합니다.

문섭 정신적으로 힘들고 일이 안 되는 사람들에게 기도를 통해 희망을 주는 사람이라고 알고 있습니다.

수미 저는 나쁜 행동을 하는 스님들 이야기를 많이 들어서 그런지 나쁜 생각이 들어요.

퍼실리테이터 그럴 수 있습니다. 그런데 심청전에 나오는 스님의 모습을 보고 사람들은 여러 가지로 해석합니다. 어떤 사람은 '예지자'라고도 하고, 어떤 사람은 '브로커'라고도 합니다. '예지자'인지 '브로커'인지 입장은 각자 앉은 자리에서 본인 스스로 정하고 자유롭게 발언하는 방식으로 토론을 해보도록 하겠습니다.

혜선 전 '예지라'라고 봐요. 심봉사가 결국은 눈을 떴잖아요. 미리 미래를 내다 볼 수 있는 사람이었다고 봅니다.

은숙 그럴까요? 결과는 그랬지만, 뱃사람들과 짜고 인당수에 빠질 처녀를 구하기 위해 심봉사에게 접근하지 않고서는 이렇게 시나리오가 맞아떨어질 수 있을까요?

명숙 저는 '예지자'이자 '부처님의 현신'이라고 생각합니다. 인당수에 빠진 심청이를 연꽃으로 다시 환생시키는 것은 일반 사람이 할 수 없는 일이죠. 신만이 할 수 있는 일이고, 바로 그런 일을 준비한 사람이기 때문에 '예지자'가 맞는다고 봅니다.

희경 심봉사가 공양미 삼백 석을 구할 수 있는 사람이었나요? 맹인에 가난한 심봉사가 물에 빠진 모습을 상상해 봅시다. 그 어떤 모습보다 누추하고 초라했을 겁니다. 그런데 거기가 대고 '눈을 뜨려면 공양미 삼백 석을 부처님에게 바치면 된다'는 말을 한다는 것은 뭔가 믿는 구석이 있지 않고는 가능한 일이 아닙니다.

문섭 그러니까 '예지자'인 거죠. 그 다음 일을 알고 미리 준비할 수 있는 사람이니까 얘기할 수 있었던 거지, '예지자'가 다른 무엇을 믿겠습니까? 미리 다 알고 있는데…….

수미 희경이가 이야기한 '뭔가 믿는 구석'이란 심봉사를 구하고 났을 때 바로 중국 뱃사람들이 나타났다는 거예요. 그들과 짜지 않고서는 이렇게 절묘하게 타이밍이 맞아떨어질 수가 없다는 겁니다.

종훈 측은한 사람을 돕는 것은 스님이 해야 할 마땅한 행동입니다. 물에 빠진 심봉사를 구하는 것도 그렇고, 눈을 뜨고 싶어 하는 심봉사의 간절한 마음도 알기에 그 길을 알려주는 것도 당연히 스님이 해야 할 일입니다. 그 길을 알고 있는 스님이 '예지자' 가 아니면 누가 '예지자'입니까?

퍼실리테이터 자, 지금까지 너무나도 뜨거운 토론 감사드립니다. 오늘 굴리다 토론박스를 이용한 독서토론은 이쯤에서 마치도록 하겠습니다.

4. 마무리 – 독서신문 제목 뽑기

퍼실리테이터 마무리로 '독서신문 제목 뽑기'를 할 건데요. '독서신문 제목 뽑기'는 지금까지의 토론 내용을 생각하면서 각자가 신문의 헤드라인으로 삼으면 좋겠다고 생각되는 카피를 한 단어 또는 한 문장으로 정리해 돌아가며 발표하면 되겠습니다.

동명 심봉사 눈을 뜨다

명숙 심청이의 희생

희경 연꽃이 된 심청이

종훈 용왕, 심청이를 살리다

수자 심청이와 심봉사의 재회

혜선 심청이 효녀인가?

문섭 효의 상징, 심청

은숙 다시 읽는 심청전

독서토론 2
심청이는 효녀인가?
– 독서토론 1과 비교해 보기

●퍼실리테이터
최영수 연구위원
●참가자
학생 A, B, C, D, E, F, G, H
●진행방법
한국식 확장형 토론
●준비물
굴리다 토론박스

1. 토론 열기

퍼실리테이터 오늘은 지난주에 읽어오라고 과제로 내준 심청전을
갖고 독서토론을 할 겁니다. 진행방법은 이야기로 풀 부분은 이
야기로 풀고, 대립되어 토론이 될 부분은 찬반으로 나누어 토론
을 하는 형식을 취하도록 하겠습니다. 한국식 확장형 토론은 어

려운 준비와 복잡한 절차가 필요 없는 자유로운 토론형식을 취하고 있습니다. 말하는 순서와 시간에 신경 쓰지 마시고 발언하고 싶으면 언제든지 사회자에게 손을 들어 표시하시고, 존댓말과 존칭어를 사용하는 기본만 지켜주시면 됩니다.

2. 키워드 찾기

퍼실리테이터 오늘의 이야기를 풍요롭게 할 키워드를 발표하고, 그 키워드를 '굴리다 토론박스'에 끼워 넣은 후 굴리면서 독서토론을 시작하겠습니다. 자, 그럼 각자 머릿속에 있는 키워드를 발표해 주세요.

학생 A 공양미 삼백 석이오.

학생 B 심봉사요.

학생 C 아, 심봉사 내가 하려고 했는데…… 심청이오.

학생 D 연꽃이오.

학생 E 용궁?

학생 F 중국 상인이오.

학생 G 뺑덕어멈.

학생 H 스님이오.

퍼실리테이터는 좀 더 재미있고 흥미로운 토론을 위해 키워드 판에 학생들이 발표한 키워드뿐만 아니라 몇 개의 벌칙(섹시댄스, 팔굽혀펴기 3회, 엉덩이로 이름쓰기 등)을 함께 적어 굴리다 토론박스에 같이 꽂습니다.

3. 토론 시작

퍼실리테이터 굴리다 토론박스에는 여러분들이 찾아낸 키워드뿐만 아니라 몇 가지 벌칙도 적어놨어요. 이제 순서를 정해 보도록 하죠. 안 내면 진다, 가위 바위 보! F 학생부터 굴리다 토론박스를 굴려 키워드를 뽑아보겠습니다. 벌칙이 나오면 벌칙을 수행해야 합니다.

학생 F (굴리다 토론박스를 굴리고 키워드 판을 뽑은 후) '심청이'입니다.

퍼실리테이터 그럼 지금부터 심청이라는 키워드를 가지고 독서토론을 시작하겠습니다. 심청이는 예뻤을까요? 어떻게 생겼을까요? 어느 분이 첫 발언을 시작해 주시겠습니까? (B 학생이 손을 들고 처음으로 발언신청을 하였음.) 네, B 학생. 발언해 주시기 바랍니다.

학생 B 제가 생각할 때는 무척 예뻤을 것 같습니다. 일단 이름에서 그 외모가 풍겨 나온다고 생각하는데요. 심청이라는 이름부터 뭔지 착하고 고운 외모가 연상되지 않나요.

학생 E 저는 다르게 생각해요. 못생겼다고 봅니다. 왜냐? 정말 예뻤다면 중국상인에게 팔려가기보단 부잣집의 며느리로 들어가서 공양미 삼백 석을 해결했을 텐데, 중국상인에게 팔려갔다는 것은 외모가 별로였기 때문이라고 봅니다.

학생 F 저는 E 학생의 생각에 반대합니다. 심청이가 예쁘다는 것은 나중에 왕비가 된다는 데서 이미 증명되었다고 생각합니다. 예쁘지 않은데 임금님 눈에 띄었겠습니까?

학생 A 임금님 부인이 된 것이 마치 엄청난 미인임을 증명이라도 하는 것처럼 말씀하시는 것은 잘못된 접근이라고 봅니다. 효성스러운 마음씨를 보고 임금님이 부인으로 맞이할 수도 있는 일 아니겠습니까? 심청전에 '효녀 심청이'는 있어도 '미인 심청이'는 없는 걸 보면 외모가 뛰어났다는 말은 오버하는 것이 아닐까 합니다.

퍼실리테이터 아까 B 학생께서 이름에서 착하다는 느낌이 든다고 말씀하셨는데, 심청이는 착한 사람이었을까요? 나아가서 심청이는 우리가 보통 알고 있는 효녀였을까요? 이 부분을 가지고 토론을 시작해 보도록 하겠습니다. 제 오른쪽에 앉은 학생들(학생 A, B, C, D)은 '심청이는 효녀가 맞다'는 입장을, 제 왼쪽에 앉은 학생들(학생 E, F, G, H)은 '심청이는 효녀가 아니다'는 입장으로 나누어 토론을 해보도록 하겠습니다. 자, 10분 동안 '생각 나누기(팀별 협동적 자기주도 토론내용 논의 과정으로, 논의과정에서 팀의 리더가 나오고, 토론 내용이 풍부해지며, 발언을 경험할 수 있는 매우 긍정적인 방법)' 시간을 갖도록 하겠습니다. 각 팀은 '상대방 팀이 무엇으로 공격할 것인가', '우리는 무엇으로 방어할 것인가', '상대방을 무엇으로 곤란하게 할 것인가' 하는 세 가지만 집중적으로 준비하시면 됩니다. 핸드폰을 이용해 더 많은 근거자료를 찾으면 좀 더 씩씩한 토론이 될 겁니다. 그럼 각 팀은 모둠별로 위치(보통 왼쪽 벽과 오른쪽 벽으로 나누어 자리를 잡곤 한다. 빈 교실이 있을 때에는 그곳을 사용하면 더 효과적입니다.)를 잡아주세요.

이때 퍼실리테이터는 양쪽을 오가면서 상대방이 무엇을 준비하고 있는지 슬쩍 흘려주면 짧은 시간 내에 많은 토론의 양이 준비될 수 있습니다. 토론자들은 '생각 나누기' 시간을 매우 좋아하고 그 효과를 느끼는 순간 20분, 30분, 40분, 50분으로 늘려달라고 요청을 합니다.

퍼실리테이터 자, 10분이 지났습니다. 모두들 토론의 형태로 앉아주시기 바랍니다. '심청이는 효녀가 맞는가?'에 대해 각자 입장에 맞춘 충분한 자료들이 준비되었으리라 보고 바로 토론을 시작하도록 하겠습니다. 서양식 토론은 보통 긍정팀이 모두발언을 하는 형태지만 저희 한국식 확장형 토론은 먼저 신청한 팀이 모두발언의 기회를 가져가실 수 있습니다. 어느 팀부터 모두발언을 시작하시겠습니까? 네, '심청이는 효녀가 아니다 팀'이 좀 더 빨리 신청을 했기 때문에 모두발언 기회를 가져가도록 하겠습니다.
학생 H 심청이는 효녀가 아닙니다. 눈이 보이지 않는 아버지를 두고 인당수에 빠진다는 것은 아무리 아버지의 눈을 뜨게 하기 위한 일이라고 해도 부모의 마음에 못을 박는 일이기 때문에 도저히 효녀라고 불러줄 수가 없다고 봅니다.

퍼실리테이터 부모의 마음에 못을 박았는데 어떻게 효녀라고 할 수 있느냐는 주장이시네요. 내친 김에 같은 팀에서 보충 또는 부가하실 분 있습니까? 새로운 내용을 발언하셔도 됩니다.

학생 E 심청이는 자살을 한 것이지 아버지를 위해서 인당수에 몸을 던졌다고 보기 어렵습니다. 살기조차 어려운 살림에 자신의 눈을 뜨겠다고 공양미 삼백 석을 스님하고 약속했다며 생각 없이 말하는 아버지를 보면서 더 이상 살고 싶지 않은 마음에 자살한 것인데, 이 행위에 효다 뭐다 의미를 갖다 붙이는 것은 어불성설이라고 저는 생각합니다.

퍼실리테이터 심청이가 생활이 너무 힘든 나머지 현실도피 차원에서 자살했는데 무슨 효녀냐? 자, 그럼 '그게 무슨 소리냐? 내가 볼 때는 효녀가 맞다'는 분 말씀해 주시기 바랍니다.

학생 B 아니, 자기 아닌 남을 위해 몸을 희생한 것을 자살이라고 몰면 도대체 누가 효녀가 될 수 있다는 말입니까? 부모를 위해 자신의 몸을 던진 사람을 효녀라고 불러야지 어떤 사람을 효녀라고 부를 수 있다는 겁니까? 심봉사의 눈을 뜨게 하려고 몸을 던진 심청이는 부모를 위해 몸을 던졌기 때문에 효녀임이 분명합니다.

학생 D 맞습니다. 심청이는 누구의 강요가 아니라 스스로 아버지를 위해서 자신을 희생한 것이기 때문에 효녀가 맞습니다.

학생 A '효'란 부모님의 마음을 헤아리고 정성으로 보살피는 것을 말합니다. 심봉사는 눈을 뜨고 싶은 마음이 간절했고, 그런 마음을 헤아린 심청이가 아버지를 위해 그런 행동을 한 것입니다. 부모의 마음을 헤아려서 행동으로 옮긴 심청이는 효녀임이 분명하다고 생각합니다.

퍼실리테이터 네, 잘 들었습니다. '심청이는 효녀가 아니다 팀' 지금 이 주장들에 동의하시나요?

학생 F 동의할 수 없습니다. A 학생이 말씀하셨듯이 '효'란 부모님의 마음을 헤아리는 것뿐만 아니라 정성으로 보살피는 것을 말한다고 했습니다. 심청이가 인당수에 몸을 던진 이후 보살피는 사람이 없어진 아버지는 거지꼴로 맹인들의 잔치에 찾아옵니다. 아버지를 보살필 사람이 없는데도 자신의 몸을 던져 버린 심청이는 효녀가 아니라고 생각합니다.

학생 H 아버지를 위해서 물에 뛰어들었다고 했는데, 심청이가 조금 생각이 부족했다고 생각합니다. 본인이 죽어서 아버지가 눈을 뜬 들 아버지는 평생 행복하지 못했을 것이기 때문입니다.

학생 G 네, 그럴 것입니다. 저희 부모님도 제가 조금 다치기라도 하면 엄청 속상해 하시는데, 하물며 본인들 때문에 죽었다고 하면 아마 함께 죽음을 선택할 수도 있습니다. 저는 효도란 부모님이 낳아주신 내 몸을 소중히 하는 것이라고 생각합니다.

학생 E 심청이가 효녀라면 보지 못하는 아버지 곁에서 살아가는 데 필요한 의식주를 챙겨드려야 합니다. 혼자서는 생활이 힘든 아버지를 두고 떠난 심청이는 효녀가 아닙니다.

퍼실리테이터 지금 '심청이는 효녀가 아니다 팀'에서 본인들의 입장을 강하게 주장하시는데, '심청이는 효녀다 팀'에서는 동의가 되십니까?

학생 B 아닙니다. 심청이가 그런 결정을 할 때는 분명히 아버지가 눈을 뜰 수 있다고 믿었기 때문이고, 아버지가 눈만 뜬다면 얼마든지 혼자서 생활이 가능할 거라고 생각했기 때문에 내린 결정이라고 생각합니다.

학생 C 네, 그렇습니다. 꼭 아버지를 곁에서 돌봐드리는 것이 효도이고 자신의 몸을 소중히 생각하는 게 효도라면, 가끔 뉴스나 다큐로 방송되는 부모에게 자신의 간이나 장기를 이식해 주는 자식들은 모두 불효하는 것인가요?

학생 A 저도 그렇게 생각합니다. 심청이는 그때 자신이 할 수 있는 행동 중에 최선의 선택을 했을 뿐이라고 생각합니다.

학생 D 분명 부모님이 낳아주신 몸이라 소중히 여겨야 하는 게 맞지만, 심청이는 자신의 몸보다 아버지를 먼저 생각해서 내린 결정입니다. 그 상황에서 부모님이 낳아주신 몸을 함부로 했기 때문에 불효라고 말씀하시는 것은 맞지 않는 말이라고 생각합니다.

퍼실리테이터 오늘은 처음부터 센 키워드가 나오는 바람에 토론으로 빠르게 발전되었습니다. 분위기도 식힐 겸 굴리다 토론박스를 굴려서 나오는 새로운 키워드로 새로운 이야기들을 해보도록 하겠습니다. 두 번째로 단두대에 올라가실 분, 어느 분이시죠? 굴려 주세요!

학생 A 뺑덕어멈이요.

퍼실리테이터 뺑덕어멈이 나왔네요. 뺑덕어멈은 어떤 사람일까요?

학생 B 뺑덕어멈은 목소리가 섹시했을 것 같아요! 그러니까 심봉사가 넘어가지 않았을까요?

학생 F 얼굴은 이상하게 생긴데다가 목소리가 섹시한 아줌마~.

학생 D 이름을 부를 때마다 심술궂고 심보가 못된, 못생긴 아줌마가 떠올라요.

학생 E 나는 한마디로 정의할 수 있어. 뺑덕어멈은 탤런트 ○○○이다.

학생 모두 와~아, 정답!

퍼실리테이터 그러니까 옛날 어르신들이 대단하다는 거예요! 심청이, 뺑덕어멈. 어찌 그리도 이름을 알맞게 지었는지……. 아무튼 소설 속에서 뺑덕어멈의 역할은 무엇이었을까요?

학생 H 악역이었을 거라고 봅니다. 소설은 악역이 있어야 착한 사람이 더 드러나는 법이잖아요.

학생 G 조미료 같은 역할이죠. 왠지 빠지면 밋밋한, 감칠맛을 내기 위해 첨가하는 조미료처럼 이야기 속에서 재미를 더해 주는 역할이 아니었을까 생각해요. 물론 조미료가 몸에는 해로운 것처럼 이야기 속 역할도 좋은 역은 아니고요.

퍼실리테이터 그렇다면 뺑덕어멈의 죄는 무엇인지 죄목을 말해 볼까요?

학생 D '장애인 학대죄'요. 시각장애인인 심봉사가 앞을 못 본다고 심봉사의 재산을 자기 마음대로 했으니 '장애인 학대죄'를 적용해야 한다고 봅니다.

학생 B 저는 '사기죄'가 성립된다고 봐요. 왜냐하면 심봉사의 재산을 몰래 빼돌려 자기가 가로채 자신을 위해 썼기 때문에 '사기죄'라고 생각합니다.

학생 A 뺑덕어멈은 심봉사와 결혼해 살다가 다른 사람이랑 눈이 맞아 도망을 갔으니, 지금은 폐지됐지만, '간통죄'를 범한 것입니다.

학생 F 저는 뺑덕어멈에게 '강도죄'를 지우겠습니다. 심청이가 죽으면서 남긴 재산을 심봉사 몰래 다 쓴 것은 칼만 안 들었지 강도짓을 한 것과 다를 바가 없는 행동입니다. 때문에 '강도죄'라고 생각합니다.

퍼실리테이터 역시 뺑덕어멈은 죄를 지은 악역이라고 생각하는 학생들이 많다는 것을 알 수 있네요. 그럼 다음 키워드로 넘어가 볼까요. 다음 학생 굴려 주세요.

학생 D 공양미 삼백 석이 나왔는데요!

퍼실리테이터 이번 키워드는 공양미 삼백 석입니다. 심봉사가 스님에게 약속한 공양미 삼백 석을 마련하기 위해 심청이가 인당수에 빠지게 되는데, 이 공양미 삼백 석의 진정한 주인은 누구일까요?

학생 E 저는 공양미 삼백 석의 주인은 심청이라고 생각합니다. 심청이는 아버지의 눈을 뜨게 해준다는 약속을 믿고 공양미 삼백 석을 마련해서 스님에게 준 것인데, 결국 심청이만 인당수에 몸을 던지고 심봉사는 눈을 뜨지 못했기 때문에 공양미 삼백 석은 다시 심청이에게 돌려줘야 한다고 생각합니다.

학생 C 저는 그렇게 생각하지 않습니다. 공양미 삼백석의 주인은 스님이라고 생각합니다. 우리가 감기에 걸려서 병원에 가서 진료를 받았는데, 감기가 낫지 않았다고 병원비를 돌려 달라고 할 수 있나요? 따라서 이미 주었기 때문에 공양미 삼백 석은 스님이 주인이라고 생각합니다.

학생 D 저는 심청이가 갖는 게 맞는다고 생각합니다. 물건도 샀다가 불량이거나 마음에 들지 않으면 환불을 해주는데, 하물며 사람의 일입니다. 심봉사의 눈을 뜨게 하지 못했기 때문에 당연히 심청이가 갖는 게 맞는 것 같습니다.

학생 A 저는 스님이 공양미 삼백 석의 주인이라고 생각합니다. 어찌 되었든, 누구 때문이든 심봉사는 결국 눈을 떴습니다. 그리고 그것이 스님의 계획이었다면 공양미 삼백 석은 당연히 스님이 주인인 것이죠.

학생 F 공양미 삼백 석의 주인은 심청이가 맞습니다. 제가 생각했을 때 스님이 공양미 삼백 석을 주면 눈을 뜨게 해준다는 말은 보이스 피싱과 같습니다. 스님이 의사도 아니고 어떻게 보이지 않는 눈을 보이게 해 줄 수 있다는 것인지……. 그 말에 속은 심청이가 바보 같지만 어떻든 심청이는 피해를 보았고, 피해액은 돌려받는 것이 당연하다고 생각합니다.

퍼실리테이터 여러분이 이야기를 나누면서 혹 상대방의 이야기를 듣고 생각이 바뀌었다거나 다른 사람이 주인이라고 생각하는 분이 있나요?

학생 G 저는 당연히 스님이 주인이라고 생각했는데, F 학생의 의견을 듣고 생각이 바뀌었습니다. 폭력으로 빼앗는 것만 갈취가 아니라 무지함이나 간절한 마음을 이용해 빼앗는 것도 갈취라는 생각이 들었습니다.

학생 B 저는 공양미 삼백 석의 주인은 뱃사람이라고 생각합니다. 심봉사의 눈을 뜨게 해준다며 무리하게 어마어마한 대가를 요구한 스님도 거짓이고, 인당수에 몸을 바침으로써 제물이 된다는 조건으로 돈을 받은 심청이도 결국은 죽지 않고 살아났기 때문에 공양미 삼백 석은 원 주인인 뱃사람에게 돌아가야 한다고 생각합니다.

퍼실리테이터 다양한 의견 잘 들으셨나요? 같은 사건을 가지고도 이렇게 다른 생각을 할 수 있다는 것이 토의, 토론의 장점이지요.

그럼 다음 키워드는 무엇인지 궁금해지는데요. 굴려 주세요.

학생 C 이번 키워드는 심봉사네요.

퍼실리테이터 '심봉사' 하면 생각나는 단어는 어떤 게 있나요?

학생 H 저는 팔랑귀가 생각이 나요.

학생 A 저는 바보요.

학생 E 시각장애인이요.

학생 C 저는 홀아비가 생각나요.

학생 D 뺑덕어멈이요

학생 B '어리석다'는 말이 생각나요.

학생 F 저는 '심봉사' 하면 젖동냥이 생각나요.

학생 G 아버지가 생각나요.

퍼실리테이터 심봉사는 어린 심청이를 젖동냥을 다니면서 힘들게 키웠습니다. 하지만 자식에게 공양미 삼백 석이라는 부담을 줘서 심청이가 인당수에 빠지는 계기를 만들기도 합니다. 이런 심봉사가 아버지로서 자격이 있을까요 없을까요? 이번에는 아까 '심청이는 효녀인가'처럼 찬반 토론을 해볼게요. 옆 친구랑 가위 바위 보를 하세요. 이긴 친구들이 어느 쪽을 선택할지 정하면 진 친구들이 다른 쪽 의견으로 토론 준비를 하면 되겠습니다. A, B, C, D 학생이 '아버지로서 자격이 없다'를 선택하셨네요. 그럼 진 E, F, G, H학생은 '아버지로서 자격이 있다'라는 입장에서 자유롭게 10분 동안 생각 나누기 시간을 갖도록 하겠습니다.

퍼실리테이터 자, 10분이 훌쩍 지났네요. 그럼 '아버지로서 자격이 없다'를 선택한 팀의 학생부터 발언해 볼까요.

학생 A 보통의 아버지들은 어린 자식을 부양하는데, 심봉사는 아주 어렸을 때 빼고는 심청이가 구걸해서 갖다 주는 것으로 끼니를 때우며 생활했습니다. 그것도 모자라 나중에는 자신의 처지도 모르고 스님에게 공양미 삼백 석을 시주하겠다고 덜컥 약속을 해 심청이를 죽게 만들었습니다. 그렇기 때문에 심봉사는 아버지로서 자격이 없다고 생각합니다.

학생 B 그렇습니다. 심봉사는 기본적인 생활도 책임지지 못하는 가장이었기 때문에 아버지 자격이 없다고 생각합니다.

학생 C 네, 부모라면 위험에 처한 자식을 위해 보통은 자신의 목숨도 버리는 경우를 보았지요. 가령 물에 빠진 아이를 구하고 자신은 죽는 그런 경우 말이에요. 하지만 심봉사는 부모로서 어떻게 어린 딸에게 공양미 삼백 석이 필요하다고 말할 수 있는지 이해가 가지 않습니다.

학생 D 심청이는 미성년자였고 공양미 삼백 석을 구할 수 있는 능력이 없음에도 불구하고 심봉사는 딸에게 자신이 스님과 약속한 공양미 삼백 석을 마련해야 한다고 이야기했습니다. 진심으로 딸을 사랑하고 위하는 아버지라면 자신의 불편을 해결하기 위해 딸에게 그런 부탁은 하지 않을 거라고 생각합니다. 차라리 그냥 그대로 평생 장애를 가지고 살아가는 쪽을 택할 것입니다. 그렇기 때문에 심봉사는 아버지로서의 자격이 없다고 생각합니다.

퍼실리테이터 지금까지 '심봉사는 아버지로서 자격이 없다'는 내용의 주장을 들었는데요. 반대 생각을 가지고 있는 분들의 주장도 들어보겠습니다.

학생 E 심봉사가 경제적인 능력이 없다고 아버지의 자격이 없다고 생각하신다면 이 세상에는 아버지 자격이 없는 사람들이 참 많을 것입니다. 경제적인 능력이 없어도, 자신을 낳아 준 것만으로도 충분히 아버지로서의 자격이 있다고 생각합니다.

학생 F 그렇습니다. 심봉사는 심청이가 어려서 정말로 혼자의 힘으로 먹고 살 수 없을 때 젖동냥을 다니면서 어렵게 키웠습니다. 심청이가 커서 아버지보다 할 수 있는 일이 많아졌기 때문에 심청이가 아버지를 봉양한 것입니다. 자식이 부모를 봉양해야 하는 건 당연한 일입니다. 때가 따로 정해져 있다고 생각하지 않습니다. 심청이에게는 그때가 다른 사람보다 조금 빨리 온 것뿐이기 때문에 아버지를 봉양하는 건 당연한 것입니다.

학생 G 어떤 부모도 사고치는 자식에게 자식으로서 자격이 없다고 말하지 않습니다. 마찬가지로 제대로 부양하지 못한다고 부모로서 자격이 없다고 말하는 것은 있을 수 없는 일이라고 생각합니다.

학생 H 아버지가 다치는 바람에 병원비를 벌기 위해 일을 하는 자식들도 있고, 가끔은 장애를 가진 부모를 위해 학교도 못 다니고 생활전선에서 열심히 일하는 자식들의 사례를 본 적도 있습니다. 이렇듯 부모가 자식에게 짐이 된다고 부모로서 자격이 없다고 말한다면 근본적으로 '효' 정신이 부족한 게 아닐까요?

퍼실리테이터 이번에는 심봉사가 '아버지로 자격이 있다'는 입장의 주장을 들어보셨는데요. 이 주장에 동의하시나요?

학생 B 아니요. 심봉사가 앞을 보지 못해 자식을 부양할 능력이 없으므로 아버지 자격이 없다는 말이 아니라 딸을 공양미 삼백 석과 바꿨기 때문에 아버지로서의 자격이 없다는 것입니다.

학생 C 맞습니다. 어차피 심청이가 어느 정도 자란 후부터는 밥을 빌어 아버지에게 먹을 것을 제공했는데, 그것으로도 모자라 딸을 팔아 눈을 뜨겠다는 아버지는 아버지 자격이 없다고 봅니다.

학생 E 아버지가 뱃사람들에게 심청이를 팔아 넘긴 게 아니라 심청이가 스스로 아버지 몰래 뱃사람들과 거래를 한 것이기 때문에 심봉사는 잘못이 없다고 생각되는데요.

학생 A 물론 심봉사가 심청이를 직접 판 것은 아니지만, 심청이로 하여금 몸을 팔아서라도 공양미 삼백 석을 구해 올 수밖에 없는 상황을 만들었으니, 심봉사가 판 것이라 해도 무리가 아니라고 생각합니다.

학생 G 아니죠. 다른 방법으로도 구할 수 있는데 굳이 그 방법을 택한 심청이의 잘못이죠. 또 스님을 찾아가 약속을 취소해 달라고 부탁할 수도 있었는데, 그렇게 하지 않고 쉽게 공양미 삼백 석을 얻으려 한 심청이의 잘못이 더 크다고 봅니다.

퍼실리테이터 심봉사가 딸을 판 것이냐 아니냐에 따라서 아버지로서 자격이 있느냐 없느냐를 결정할 수 있겠네요. 여러분의 열띤 주장 잘 들었습니다. 그럼 다음 키워드를 굴려볼까요.

학생 H 용궁이 나왔어요.

퍼실리테이터 혹시 용궁에 가본 학생이 있나요?

학생들 모두 에이, 어떻게 가요~.

퍼실리테이터 그럼 용궁이 있다고 믿나요? 있다면 어떤 모습일까요?

학생 D 심청전에 용궁이 나오는 걸 보면 예전에는 용궁이 있지 않았을까요?

학생 A 옛날 사람들은 하늘나라엔 옥황상제가 살고, 용궁에는 용왕이 살고 있다고 믿었고, 용궁과 하늘나라는 특별한 사람만이 갈 수 있다고 생각했던 것 같아요

학생 F 이야기 속의 용궁은 매우 화려하고 온갖 보물과 좋은 향기가 가득한 그런 곳이었을 거 같아요.

학생 B 용궁이 있다면 저도 가 보고 싶어요.

퍼실리테이터 물은 인간에게 반드시 필요한 것이었고, 이런 물을 주관하는 신인 용을 중국인들은 신령스런 동물로 여겼다고 해요. 그래서 이야기 속에 용왕에 관한 이야기를 넣기도 했고요. 용궁이 나오는 이야기가 심청전 말고 무엇이 있는지 한번 찾아볼까

요. 핸드폰을 이용해서 찾아봐도 됩니다.

학생 C 토끼전이 있어요. 용왕님이 아파서 토끼의 간을 먹으면 낫는다고 자라가 토끼를 잡으러 가는 이야기요. 거기에도 용궁이 나와요.

학생 G 구운몽에도 용궁 이야기가 나오는데요.

학생 H 삼국유사와 고려사에도 용궁 이야기가 나온다고 하고요. 중국의 서유기에도 용궁 이야기가 나온다고 하네요.

학생 E 아하! 그럼 우리나라는 역사적으로 중국의 영향을 많이 받아 왔기 때문에 우리의 이야기 속에도 용왕이 살고 있는 용궁이 등장했다고 봐도 되겠네요.

퍼실리테이터 자, 이렇게 책 속의 키워드만 가지고 토론을 해봤는데 어땠나요?

학생들 모두 재미있었어요. 짱이었어요.

퍼실리테이터 어렵거나 떨리지는 않았나요?

학생들 네~.

4. 마무리 – 독서신문 제목 뽑기

퍼실리테이터 그럼 마무리는 '독서신문 제목 뽑기'로 하겠습니다. 독서토론 후 자신의 입장에서《심청전》에 대한 제목을 어떻게 뽑아야 사람들에게 알릴 수 있을지 적고, 돌아가면서 발표하는 것으로 끝내도록 하겠습니다.

학생 A 시대가 요구하는 효

학생 B 스님의 도움을 받은 심봉사 가족

학생 C 연꽃처럼 빛나는 효성

학생 D 마침내 눈뜬 심봉사

학생 E 심청이, 부모를 위해 인당수에 몸을 던지다

학생 F 심청이는 효녀였다

학생 G 심봉사, 심청이를 만나 드디어 눈을 뜨다!

학생 H 효심에 대한 논란, 불이 붙다

독서토론 3
백설공주와 도깨비 방망이

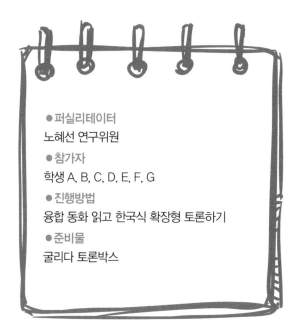

- ●퍼실리테이터
노혜선 연구위원
- ●참가자
학생 A, B, C, D, E, F, G
- ●진행방법
융합 동화 읽고 한국식 확장형 토론하기
- ●준비물
굴리다 토론박스

융합 동화

옛날 아름다운 성이 있는 조그만 나라에 백설공주가 살고 있었습니다. 백성들은 하얗고 아름다운 얼굴에 밝고 착하고 고운 마음씨를 가진 공주를 모두 좋아했습니다. 하지만 병이 들어 시름시름 앓던 어머니가 돌아가시자 공주는 매일같이 눈물을 흘리며 슬픔에 빠져 하루하루를 보냈습니다.

백설공주의 그런 마음을 아는지 모르는지 시간이 얼마 지나지 않아 아버지인 임금님은 새 왕비를 찾기 시작했습니다. 그러던 어느 날 마침내 새 왕비가 될 여인이 성으로 들어왔습니다. 온통 반짝거리는 보석들로 몸을 치장한 그녀는 예쁘긴 했지만 금방이라도 심술이 덕지덕지 묻어나올 것만 같은 모습이었습니다.

그런 사람이 새 어머니가 된다니 백설공주는 마음 한구석이 찜찜했지만, 임금님에게는 예쁘게만 보이는지 공주의 마음은 아랑곳하지 않고 그녀와 결혼을 하고 말았습니다.

아니나 다를까. 새 왕비는 나라가 어떻게 돌아가는지, 백성들이 어떻게 사는지에 대해서는 아무런 관심도 갖지 않았습니다. 오로지 자신의 몸을 화려하게 치장하는 일에만 몰두했습니다.

그런 새 왕비는 뭐든지 묻기만 하면 솔직하게 대답해 주는 신기한 거울 하나를 갖고 있었습니다. 온통 외모를 치장하는 데만, 예뻐지는 일에만 정성을 들이던 새 왕비는 어느 날 궁금증을 참지 못하고 거울 앞에 서서 물었습니다.

"거울아, 거울아. 세상에서 누가 제일 예쁘니?"

"백설공주님이 세상에서 가장 아름답습니다."

새 왕비는 거울의 대답에 화가 머리끝까지 치솟았습니다.

"뭐라고? 말도 안 돼! 세상에서 가장 예쁜 사람은 무조건 내가 되어야 해. 공주를 없애 버려야겠어."

새 왕비는 몰래 킬러를 불렀습니다.

"백설공주를 성 밖으로 데려가서 없애 버려. 임금님이나 백성들이 절대로 눈치를 채서는 안 돼."

평소 아름답고 착한 백설공주를 좋아했던 킬러였으나 새 왕비의 지시를 거역할 수는 없었습니다. 하는 수 없이 공주를 납치해 깊은 산 속으로 데리고 갔지만 차마 죽일 수는 없었습니다.

"공주님, 멀리 도망가십시오. 저는 공주님을 죽일 수가 없습니다. 먼 곳으로 가서 새 왕비에게 들키지 말고 사세요. 빨리 가세요!"

공주를 놓아준 킬러는 새 왕비에게 백설공주를 죽였다고 거짓 보고를 했습니다.

자기가 세상에서 가장 아름다운 여인이 되었다고 생각한 왕비는 뛸 듯이 기뻐했습니다.

"세상에서 가장 예쁜 사람은 바로 나야! 호호호!"

킬러의 배려로 겨우 목숨을 건진 후 아무도 없는 산 속을 혼자 헤매던 백설공주는 화가 났습니다.

'나를 죽이려 하다니…… 나쁜 왕비 같으니라고!'

하지만 계속 화만 내고 있을 때가 아니었습니다. 잘 알지도 못하는 깊은 산 속에서 언제 튀어나올지 모를 사나운 짐승들을 피해 몸을 숨길 만한 곳을 빨리 찾아야 했습니다. 깊은 산 속은 금방 어두

워지기 때문에 우물쭈물하다가는 꼼짝없이 캄캄한 곳에서 맹수들과 맞닥뜨릴 수밖에 없으니까요.

얼마나 산 속을 헤맸을까요? 배도 고프고 몸을 숨길 곳을 찾지도 못한 지친 공주의 눈앞에 주렁주렁 열매가 달린 개암나무 한 그루가 서 있었습니다. 누가 따라오기라도 하는 듯 뛰듯이 나무로 달려간 공주는 개암 몇 개를 정신없이 따먹었습니다. 그러고는 미처 보지 못한, 바닥에 떨어져 있는 개암 몇 알을 주워 주머니에 넣었습니다.

'나중에 배가 고플 때 먹어야지.'

해는 금방 저물었습니다. 사방이 깜깜했습니다. 한 치 앞도 보이지 않는 산 속에 공주는 혼자 남겨졌습니다. 너무나도 무서워 어쩔 줄 몰랐습니다. 어디로 가는지도 모르고 닥치는 대로 이리저리 헤매고 다녔습니다. 다행히도 공주의 눈앞에 달랑 방 한 개가 전부인 초라한 집 한 채가 나타났습니다. 너무나 기쁜 공주는 큰 소리로 주인을 불렀습니다.

"계세요?"

안에서는 아무런 대답이 없었습니다.

"안 계신가요?"

여전히 대답이 없자 공주는 문을 살짝 열었습니다. 방 안에는 아무도 없었습니다. 공주는 그곳에서 하룻밤을 보내기로 하고 안으로 들어갔습니다.

'오늘은 여기서 자고 내일 아침에 일어나 길을 찾아야겠어.'

방 안에는 이미 오래 전부터 사람들이 살지 않았던 것 같았습니다. 장롱이며 화장대며 모든 살림살이마다 온통 먼지가 수북이 쌓여 있고, 침대 위에는 너저분한 옷가지들이 이리저리 흩뿌려져 있었습니다.

산 속을 헤매느라 너무 지친 공주는 침대 위조차 정리하지 못한 채 던지듯 침대에 몸을 눕혔습니다. 그때였습니다. 갑자기 밖에서 웅성대는 소리가 들려왔습니다. 공주는 재빨리 침대 밑으로 들어갔습니다. 하나의 목소리가 아니었습니다. 여러 명의 목소리들이 뒤섞여 와자하게 한바탕 소란이 일었습니다. 동시에 문이 활짝 열렸습니다. 그러고는 많은 발들이 방 안으로 성큼성큼 들어왔습니다.

'어떻게 하지?'

침대 밑으로 숨어든 공주는 그냥 있자니 들킬까 겁이 나고, 나가자니 너무 어색해질 것 같아 이러지도 저러지도 못한 채 가만히 있었습니다.

'우선 누군지나 한번 보자.'

공주는 고개를 외로 틀며 눈동자를 굴렸습니다.

'헉!'

너무나 놀란 공주는 손으로 입을 막아 튀어나오려는 비명을 가까스로 틀어막았습니다. 그들은 도깨비들이었습니다. 가까스로 펑펑 뛰는 가슴을 진정시킨 공주는 도깨비들의 행동을 엿보기 시작했습니다.

서로 잘났다고 떠들던 도깨비들 옆에는 울퉁불퉁 이상하게 생긴 방망이가 각각 하나씩 놓여 있었습니다. 얼마쯤 시간이 지나자 도깨비 하나가 방망이를 들더니 이런저런 신기한 마술을 부리기 시작했습니다.

"나는 멋진 옷이 갖고 싶단다. 방망이야, 나에게 꼭 맞는 멋진 옷을 다오. 뚝딱!"

도깨비 하나가 큰 소리로 외치자 어디선가 화려하고 귀해 보이는 멋진 옷이 툭 튀어나왔습니다.

'세상에 저런 요술방망이가 있다니…… 믿을 수가 없네!'

공주는 다시 한 번 놀랐습니다.

"배가 고프구나. 방망이야, 집 안이 맛있는 음식으로 가득 차게 해다오. 뚝딱!"

다른 도깨비가 자기 방망이를 흔들며 말하자 먼지로 가득하고 허름했던 집 안에 순식간에 맛있는 음식이 가득찼습니다.

"역시 요술방망이는 좋단 말이야. 배가 고프면 이렇게 맛있는 음식도 나오게 해주니……!"

"맞아, 맞아. 우리의 소원이라면 뭐든지 다 들어준다니까!"

도깨비들은 배가 고팠던지 우르르 모여들어 차려진 맛있는 음식을 허겁지겁 먹기 시작했습니다.

그 모습을 본 공주에게 다시 허기가 밀려들었습니다. 맛있는 음식 냄새가 코를 찔렀습니다. 배가 고파 참을 수가 없었습니다. 주머니에 넣어두었던 개암 한 개를 꺼냈습니다. 도깨비들이 먹는 소리에 묻혀 괜찮을 거라는 생각을 한 공주는 손에 쥔 개암을 이빨로 살짝 깨물었습니다.

'빠지직!'

개암 열매 깨지는 소리가 방 안에 울려 퍼졌습니다.

"애들아, 지금 혹시 이상한 소리 못 들었니? 무슨 소리가 난 것 같은데……."

음식을 먹던 도깨비 하나가 이상하다는 듯 고개를 갸우뚱하며 친구들에게 물었습니다.

"나도 들었어. 이곳에 우리 말고 다른 누군가가 있나?"

"누가 있어? 우리 말고 아무도 없잖아."

"왜 안 보이는 거 있잖아. 귀신이나 그런 거……."

"뭐라고?"

백설공주의 개암 깨무는 소리를 들은 도깨비들은 정체불명의 소리가 들리자 약간 두려운 마음이 드는 것 같았습니다.

우물우물 개암 하나를 깨물어 먹자 공주에게는 더 큰 허기가 몰려왔습니다. 주머니 속에서 다시 개암 하나를 꺼내 들고는 될 대로 되라는 듯 이번에는 이빨로 꽉 깨물었습니다.

"빠지직!"

개암 깨지는 소리가 다시 한 번 터져 나왔습니다. 이번엔 조용했던 터라 훨씬 크게 소리가 울리며 방 안 허공을 맴돌았습니다.

생전 처음 들어보는 갑작스런 큰 소리에 혼비백산한 도깨비들은 혼란에 빠졌습니다.

"우와, 귀신이다! 여긴 귀신이 있는 게 분명해. 빨리 도망치자!"

도깨비들은 방문을 박차고 나가더니 꽁지가 빠져라 뒤도 돌아보지 않고 순식간에 도망을 쳤습니다.

"휴우!"

배가 너무 고파 들키려면 들키라는 마음으로 개암을 깨물었던 백설공주는 도깨비들이 사라지고 나서도 한참을 침대 밑에 있다가 도깨비들이 돌아오지 않자 살며시 기어 나왔습니다.

"어, 방망이가 하나 있네."

침대에 걸터앉으며 어떻게 할까 생각하려던 찰나 방 한쪽 구석 벽에 기대어 놓여 있는 도깨비들의 방망이 하나가 눈에 들어왔습니다.

개암 깨지는 소리를 귀신 소리라 믿은 도깨비 중 하나가 도망치느라 정신이 없어 미처 요술방망이를 챙기지 못한 것이었습니다. 도깨비들이 분명 방망이를 찾으러 올 것이라고 생각한 공주는 방망이를 들고 얼른 집을 나왔습니다.

'이 방망이는 원하는 것을 다 들어주니까 나를 성으로 데려다 줄 수 있을 거야. 날이 밝으면 성으로 데려가 달라고 해야지.'

도깨비들이 오기 전에 빨리 피해야 했던 공주는 요술방망이를 아무에게도 빼앗기지 않으려 품속에 숨긴 채 산속을 걸었습니다. 얼마쯤 가다 보니 눈앞에 조그맣고 예쁜 집이 나타났습니다.

"계세요? 아무도 없어요?"

역시 아무런 대답이 없었습니다.

'여기도 아무도 안 사는 집인가?'

백설공주는 문을 살짝 잡아당겼습니다. 문이 힘없이 열렸습니다. 발을 들어 집 안으로 들어가 보니 집 못지않게 침대도 의자도 그릇들도 온통 작은 것들뿐이었습니다.

"여기 물건들은 왜 이렇게 모두 다 작지?"

궁금했지만 공주는 생각할 수가 없었습니다. 너무 피곤하고 지쳤기 때문이었습니다. 침대 맡에 앉자 잠이 쏟아졌습니다. 침대에 몸을 눕히려 했으나 침대가 너무 작아 몸을 누일 수가 없었습니다.

"침대가 너무 작아서 안 되겠다. 방망이야, 이 침대를 나에게 맞게 해다오. 뚝딱!"

침대가 순식간에 공주에게 꼭 맞게 바뀌었습니다. 가까스로 침대에 몸을 눕힌 공주는 그만 스르르 깊은 잠에 빠져들었습니다.

무슨 일이 일어났는지 아무것도 모르는 집 주인이 돌아왔습니다. 일곱 명의 난장이들이었습니다. 그들은 자기들이 오는 것도 모른 채 세상모르고 곯아 떨어져 자고 있는 공주를 하나같이 신기하게 바라보았습니다.

"이 아름다운 여인은 누굴까?"

"이만큼 아름다운 사람은 우리나라에는 백설공주님밖에 없어!"

"공주님이 왜 우리 집에서 자고 있는 거지?"

난장이들은 저마다 이래서 그랬을 것이라는둥 저래서 그랬을 것이라는둥 한참을 떠들어댔습니다. 그때 부스스 공주가 잠에서 깨어났습니다.

"백설공주님이시죠?"

"왜 여기서 주무시고 계시는 거예요?"

"혹시 무슨 일 있나요?"

백설공주가 정신을 차릴 새도 없이 일곱 명의 난장이들은 일제히 궁금증을 쏟아내었습니다.

"사실은 제가 새 어머니에게 성에서 쫓겨나 갈 곳이 없답니다. 날이 밝으면 성으로 돌아가려 했지만 아직은 무서운 새 어머니를 볼 수가 없을 것 같아요. 제가 원하는 것은 모두 들어주는 도깨비들의 요술방망이를 드릴 테니 당분간만 여기서 지낼 수 있도록 해주세요. 부탁합니다."

그러면서 공주는 방망이를 들고 외쳤습니다.

"방망이야, 여기 있는 일곱 난장이님들을 모두 키가 크고 멋진 남자들로 만들어다오. 뚝딱!"

순식간에 훤칠한 키에 잘 생긴 얼굴의 남자들로 변한 일곱 난장이들은 서로를 신기하게 바라보면서 한마디씩 했습니다.

"우와~ 내 키가 이렇게나 커졌어!"

"그러게 말이야. 키뿐만 아니라 몰라보게 잘생겨졌는걸?"

모습이 변한 그들에게는 각각의 키와 몸에 맞는 옷이 필요했습니다.

"방망이야, 이분들 각자에게 맞는 멋진 옷을 다오. 뚝딱!"

이번에는 멋지게 변한 일곱 남자들 각자에게 잘 어울리는 옷이 나왔습니다.

아름다운 노래가 듣고 싶었던 공주는 다시 한 번 외쳤습니다.

"방망이야, 노래에 맞춰 연주할 수 있는 기타를 다오. 뚝딱!"

일곱 명의 멋진 남자들 중 첫째가 기타를 치며 공주에게 노래를 불러주었습니다.

그 후 그들은 필요한 것만큼만 도깨비의 요술방망이로 만들어내며 매일매일을 즐겁게 보냈습니다.

한편, 공주가 살아 있다는 생각은 꿈에도 해보지 않았던 새 왕비는 어느 날 혹시 자기보다 예쁜 사람이 또 있을지 모른다는 생각에 다시 거울에게 물었습니다.

"거울아 거울아, 세상에서 누가 제일 예쁘니?"

"백설공주님이 세상에서 가장 아름답다고 말씀드렸잖아요!"

"뭐라고? 공주가 살아 있단 말이야? 공주가 어디에 살고 있는지 빨리 보여줘!"

거울은 새 왕비에게 일곱 명의 멋진 남자들과 함께 필요할 때마다 요술방망이를 이용해 음식이며 물건들을 만들면서 즐겁게 지내고 있는 백설공주의 모습을 보여주었습니다.

"도저히 믿을 수가 없어! 그놈이 공주를 죽였다고 나에게 거짓말을 했단 말이지…… 그게 사실이라면 이번에는 내가 직접 가서 없애 버려야지. 그런데 저 방망이는 뭘까? 엄청 신기한걸…… 저것도 빼앗아야지. 혹시 모르니 방망이를 어디서 어떻게 얻었는지 먼저 알아낸 다음에 공주를 죽이고 방망이를 훔쳐야겠다. 훗!"

사과에 치명적인 독을 묻힌 새 왕비는 불쌍한 사과장수 할머니로 변장했습니다.

'이 정도면 나를 못 알아보겠지. 빨리 공주에게 가자.'

새 왕비는 백설공주에게로 향했습니다. 집에 도착한 그녀는 창문을 넘어 집 안을 살펴보았습니다. 그곳에는 정말로 공주가 살고 있었습니다.

'이 집이 확실하군. 오늘은 꼭 공주를 없애고 말 거야!'

다시 한 번 굳게 다짐한 새 왕비는 문을 두드렸습니다.

"계세요? 누구 있으면 나와서 사과 좀 사주세요. 정말 맛있는 사과예요!"

문을 열고 나온 공주는 사과장수 할머니로 변장한 새 왕비를 알아보지 못했습니다.

"괜찮아요, 사과는 집에도 많이 있는걸요."

그러자 왕비는 거울 속에서 보았던, 집 안쪽에 놓여 있는 방망이를 보며 말했습니다.

"저건 뭐에 쓰는 방망인가요? 신기하게 생겼네요."

"아, 저 방망이는 도깨비들의 방망이예요. 무슨 소원이든 들어주는 신기한 방망이지요."

"아니, 그렇게 귀한 걸 어떻게 구하셨어요? 평생을 불행하게 살아온 제게도 구할 수 있는 방법을 좀 알려주세요. 여생이나마 좀 편히 살 수 있게…… 아가씨, 부탁해요!"

세상사는 게 너무나 힘들어 보이는 사과장수 할머니를 보고 안타까운 나머지 공주는 빈집에서 있었던 일을 이야기해 주었습니다.

"아이고, 고마워라! 내가 정말 고마워서 그러는데, 이 사과 좀 먹어봐요. 돈은 안 받을게요. 이 사과는 보통 사과가 아니랍니다. 내가 특별하게 키운 아주 맛있는 사과예요. 얼마나 맛있는지 몰라요. 아가씨가 너무 예뻐서 내가 그냥 주는 거니까 이 늙은이 성의를 거절하지 말고 하나만 먹어봐요."

새 왕비는 유난히 빨갛고 탐스러워 보이는, 독이 잔뜩 묻어 있는 사과를 집어 공주에게 주었습니다.

먹고 싶은 마음은 없었지만 할머니의 성의를 거절할 수 없었던 공주는 사과를 받아 한 입 크게 베어 물었습니다.

사과를 먹는 공주의 모습을 확인한 새 왕비가 공주가 쓰러지길 기다리고 있을 때 밖에서 남자들의 목소리가 들려왔습니다. 미처 방망이를 훔치지 못한 그녀는 서둘러 그 집을 도망치듯 나왔습니다.

'아직 쓰러지지는 않았지만 백설공주는 독이 든 사과를 먹었으니

얼마 안 있어 독이 몸에 퍼지면 틀림없이 죽게 될 거야!'

새 왕비는 이제 오로지 도깨비들의 요술방망이에만 관심이 쏠려 있었습니다. 그녀는 공주가 겪었던 방법을 그대로 따라 하기 위해 개암나무를 찾아 헤맸습니다.

독이 묻은 사과를 먹은 백설공주는 새 왕비가 나가고 얼마 안 있어 그만 바닥으로 고꾸라지고 말았습니다.

마침 일을 마친 일곱 남자들이 문을 열고 들어와 쓰러져 있는 공주를 보았습니다.

"아니, 공주님이 왜 바닥에 누워 계신 거지?"

백설공주를 이리저리 살펴본 그들은 공주가 죽었다는 걸 알고는 슬픔에 잠겨 어쩔 줄 몰랐습니다. 그때였습니다. 구석에서 눈물을 펑펑 흘리며 울고 있던 막내가 갑자기 달려가더니 도깨비의 요술방 망이를 들고 왔습니다. 순식간이었습니다. 그리고는 외쳤습니다.

"방망이야, 공주님을 살릴 수 있는 약을 다오. 뚝딱!"

그러자 어디선가 동그란 알약이 툭 튀어 나왔습니다. 재빨리 그 약을 공주에게 먹였습니다. 시간이 조금 지나자 공주가 아무 일도 없었다는 듯 깨어났습니다.

"제 목숨을 살려주셨군요. 고마워요!"

"공주님께서 돌아가신 줄 알고 너무 놀랐어요. 저희는 이제 공주 님 없이는 살 수가 없어요. 깨어나셔서 너무 기뻐요."

일곱 명의 멋진 남자들과 백설공주는 서로를 부둥켜안고 함께 기쁨을 나누었습니다.

공주가 개암을 주웠던 개암나무를 찾아 개암 몇 알을 주운 새 왕비는 겨우겨우 공주가 말한 빈집을 발견했습니다. 그러고는 침대 밑에 숨어 도깨비들이 오기만을 기다렸습니다. 날이 저물고 밤이 깊어지자 정말로 방망이를 든 도깨비들 몇몇이 떠들며 들어왔습니다.

'저 도깨비 방망이만 있으면 나는 세상에서 가장 예쁜 여인도 되고 뭐든지 가질 수도 있게 될 거야!'

도깨비들이 노는 모습을 침대 밑에 숨어서 지켜보던 그녀는 백설공주가 했던 대로 조심스럽게 주머니에서 개암을 꺼내 이빨로 꽉 깨물었습니다.

"빠지직!"

"앗, 방금 지난번과 같은 소리가 난 것 같은데…… 다들 들었지?"

"그래. 지난번 그 방망이 도둑하고 똑같은데…… 이놈이 우리들에게 잡히고 싶어서 또 왔나보군! 어디에 숨었니? 요 방망이 도둑아, 어서 썩 나오지 못하겠니? 빨리 나오는 게 좋을 거야. 숨어 있다가 잡히면 가만두지 않을 테니까!"

깜짝 놀란 새 왕비는 숨소리조차 숨긴 채 꼼짝도 하지 않고 침대 밑에 숨어 있어 보았지만, 좁은 방 구석구석을 뒤지던 도깨비들에게 결국 붙잡히고 말았습니다.

"아닙니다, 내가 훔친 게 아니에요! 살려주세요. 제발!"

"어디서 거짓말이야? 이것이 아직도 정신을 못 차렸구먼. 잘못을 반성하고 방망이만 돌려주면 크게 벌을 줄 생각은 없었는데…….
안 되겠다! 이렇게 된 이상 도깨비 나라로 끌고 가야겠다. 넌 그곳에서 평생을 우리의 하인으로 살아야 할 것이야. 인간들의 세상으로는 다시는 돌아올 수 없어!"

도깨비들에게 붙잡힌 새 왕비는 도깨비 나라로 끌려가 그들의 발을 닦는 일을 하면서 살게 되었습니다.

일곱 명의 멋진 남자들과 함께 지내던 백설공주는 성으로 돌아가야겠다고 마음을 먹었습니다. 자신을 죽이려 했던 새 왕비를 만나기가 두려웠지만, 아버지인 임금님도 보고 싶었고 자기가 살던 성이 그립기도 했습니다.

일곱 남자들은 백설공주와 헤어지는 게 너무나 아쉬웠습니다.

"공주님, 앞으로 다시는 만날 수 없는 건가요?"

"공주님이 너무 보고 싶을 거예요."

"아니에요. 제가 사는 성으로 언제든지 놀러오세요. 맛있는 음식을 만들어 드릴게요. 그동안 고마웠어요!"

차마 발걸음이 떨어지지 않았지만 백설공주는 그들과 헤어져야 했습니다.

"방망이야, 백설공주님이 살던 성으로 갈 수 있게 공주님을 안내

해다오. 뚝딱!"

일곱 명의 멋진 남자들이 입을 모아 외치자 백설공주의 발 앞으로 나뭇잎들이 우수수 떨어졌습니다. 공주가 살던 성까지 나뭇잎 길이 생겨난 것입니다.

'이 나뭇잎 길만 따라 가면 내가 살던 성이 나오겠지.'

일곱 남자들과 작별 인사를 한 백설공주는 설레는 마음으로 나뭇잎 길을 따라 한발 한발 걸음을 옮겼습니다.

1. 토론 열기

퍼실리테이터 여러분, 백설공주나 도깨비 방망이 이야기는 다들 잘 알고 있죠? '백설공주와 도깨비 방망이 이야기'는 아무런 연결고리가 없어 보이는 두 이야기가 만나서 펼쳐지는 조금은 새로운 이야기랍니다. 다들 '백설공주와 도깨비 방망이 이야기'를 돌아가면서 읽어볼까요? (토론 참가자들에게 돌아가며 '백설공주와 도깨비 방망이 이야기'를 소리 내어 읽도록 한다.) 어때요, 여러분? 기존의 이야기와는 다른 부분이 많죠? 한 편의 동화가 다른 동화를 만나 더 새롭고 흥미진진한 이야기로 바뀔 수 있다는 사실을 알 수 있을 겁니다.

2. 토론 키워드 찾기

퍼실리테이터 이제 여러분들이 읽은 이 새로운 동화를 가지고 키워드를 찾아보겠습니다. 기억나는 단어나 인상 깊었던 단어가 있으면 손을 들어 발표해 주세요! 네, 저기 노랑 옷을 입은 친구가 제일 빠르게 손을 들었네요.

학생 A 백설공주요.

학생 B, C, D… 저요, 저요!

퍼실리테이터 지금 서로들 키워드를 발표하겠다고 하네요. 이야기가 그렇게 재미있었나요? 그럼 큰소리로 한번 이야기해 보세요. 제가 큰 목소리로 정확하게 발표하는 친구들의 키워드를 받아 적을 게요.

학생 B 도깨비요.

학생 C 요술방망이요.

학생 D 난쟁이, 킬러, 임금, 독사과, 거울…….

모두 우~.

퍼실리테이터 자, 조용히 해주세요. 다른 참가자들도 다 같이 토론에 참여할 수 있도록 배려하는 게 먼저입니다. 혼자서 자기 목소리만 계속 내는 건 좋은 토론자의 자세가 아닙니다.

학생 E 왕비요.

학생 F 개암이요. 꽃!

학생 G 미남이요. 제 이야기가 들어 있네요~.

3. 토론 시작

퍼실리테이터 하하하. 이제 여러분들의 목소리가 많이 작아진 거 같으니 키워드는 이 정도로 하고, 굴리다 토론박스에 여러분이 발표한 키워드들 중 몇 개를 넣어서 토론을 시작하겠습니다. 자, 다들 준비됐나요? 눈빛들이 아주 비장하군요. 그럼 처음으로 굴리다 토론박스를 굴려 줄 친구를 정해 볼까요? 우리에게 웃음을 안겨준 꽃미남 친구, 첫 번째로 키워드를 굴려 주세요.

학생 G 백설공주가 나왔어요.

퍼실리테이터 첫 번째 키워드는 '백설공주'입니다. 여러분 백설공주에 대해 이야기를 자유롭게 해볼까요?

학생 A 백설공주는 착한 사람입니다. 새엄마에게 복수를 하지 않은 걸 보면 정말 착한 거예요.

학생 B 저는 드레스 중독이 아닌가 생각해요. 공주니까 드레스가 많았을 것이고, 어떤 그림을 봐도 모두 드레스만 입고 나와요. 그로 인해 새엄마가 질투를 하게 되었을 것이고요.

학생 C 단순하고 사람을 잘 믿는 성격을 가진 것 같습니다. 낯선 사람이 준 사과를 의심 없이 먹었다는 것은 이런 성격이 잘 드러나는 행동이라고 봅니다.

학생 D 성격이 나쁘지 않았을까요? 새엄마한테 버릇없이 굴지 않고서야 쫓겨나지는 않았을 것 아닙니까?

학생 E 어린 나이에 엄마를 잃고 힘들었을 것입니다. 불쌍한 사람이라는 생각을 합니다.

퍼실리테이터 백설공주에 대한 여러분의 생각들을 잘 들어 보았습니다. 많은 의견들이 있었는데, 그중 백설공주의 마음씨에 관해서는 찬반이 갈리는 것 같습니다. 여기서 백설공주의 심성에 관해 찬반토론을 해보겠습니다. 토론 형태로 자리를 정리해 주시고 '심성이 착하다'고 생각하는 학생들과 '나쁘다'고 생각하는 학생들은 각자의 자리로 이동해 주세요. 학생들이 같은 숫자로 앉아야 토론 진행이 원활한데, 동수가 되지 않아서 다시 한 번 지금 앉아 있는 상태에서 옆 사람과 가위 바위 보로 팀을 나누도록 하겠습니다. 가위 바위 보! 이긴 팀과 진 팀으로 나누어 앉아 주세요. 이긴 팀은 '심성이 착하다', 진 팀은 '심성이 나쁘다'는 입장에서 토론하도록 하겠습니다.

학생 F 저는요, 졌는데요. 백설공주는 '심성이 착하다'가 제 입장인데요…….

퍼실리테이터 본인의 입장은 알겠는데, 토론은 주어진 위치에서 상대방을 설득하는 힘을 키우기 위해 진행되는 것입니다. 그러니 '심성이 나쁘다' 편에서 열심히 토론하는 것이 더 실력을 올릴 수 있는 기회가 될 수 있습니다. 자신의 입장이 아니라 주어진 위치에서 설득력을 발휘하는 게 더 중요하다는 것을 머릿속에 넣어두세요. 자, 이긴 팀은 누구누구인가요? 학생 A, B, C, D군요. 학생 A, B, C, D는 '백설공주는 심성이 착하다 팀'이고, 다른 학생들은 자연스럽게 '백설공주는 심성이 나쁘다 팀'이 되겠습니다. 자, 어느 팀이 먼저 발언을 시작하시겠습니까?

학생 F 제가 먼저 발언하겠습니다. 저는 백설공주는 심성이 못됐다고 생각합니다. 내용을 읽어 보시면 알겠지만 아직 생각이 정립되지 않은 나이에 벌써부터 새엄마를 평가한다는 것입니다. 새엄마도 엄마 아닌가요? 옷이나 보석으로 화려하게 치장하는 것은 개인적인 취향인데, 엄마를 자신의 잣대에 맞춰 마음대로 평가했다는 것은 심성이 못된 것이라고 평가할 수밖에 없습니다.

퍼실리테이터 네, 백설공주가 섣부른 면이 있었다는 말씀이네요. 자, 그럼 나쁘다는 편에서 시작했으니까 같은 편에서 한 사람 더 기회를 드리도록 하겠습니다.

학생 E 저도 백설공주는 못된 심성을 가지고 있다고 보는데요. 그 이유가 남의 집에 막 들어간다는 거죠. 게다가 주인이 있는 물건인 도깨비 방망이를 갖고 나오고요. '무단침입'에 '절도죄'까지 저지른 겁니다. 이런 내용들을 볼 때 백설공주는 절대 심성이 착하지 않다고 강력히 주장할 수 있습니다.

퍼실리테이터 자, 그럼 충분하게 토론할 내용들이 됐으니 '백설공주는 심성이 착하다'는 것을 주장해 주실 분의 말씀을 듣겠습니다. 어느 분이 대응해 주시겠습니까?

학생 B 백설공주는 어리지만 충분히 올바른 판단을 하는 사람이라는 것을 글에서 보여 주고 있습니다. 나라는 생각지 않고 자기를 치장하는 데만 정신이 팔린 왕비가 옳은 왕비입니까? 옳지 않은 일을 하는 왕비를 미워하는 것을 가지고 심성이 나쁘다며 공격하는 것은 올바른 지적이 아니라고 말씀드리고 싶고요. 글 어디에도 백설공주가 다른 사람에게 피해를 주었다고 표현한 부분이 없다는 것은 백설공주는 착한 심성의 소유자임을 증명한다고 봅니다. 새엄마 왕비 빼고는 모두가 행복해하는 것이 안 보이세요?

학생 A 난장이들도 키 큰 꽃미남으로 만들어주고, 얼마나 마음씨가 착한 겁니까? 백설공주는 착한 사람이 분명합니다.

학생 E 무슨 말씀을 하시는 겁니까? 난장이가 언제 백설공주에게 키 크게 해주고 잘생기게 해달라고 했나요? 집도 작은데 키 키우고, 얼굴 바꾸고…… 이게 어떻게 착한 겁니까? 막된 거지! 상대방 의사도 묻지 않고 '외모지상주의'에 빠져서는 부모님이 준 모습을 막 바꾸다니 말이 됩니까?

학생 G 착한 도깨비들한테 한 짓을 생각해 보세요. 이상한 소리를 내서 도깨비들을 두려움에 떨게 만들지를 않나, 난장이들 집 침대를 자기 몸에 맞게 바꿔 놓지를 않나! 그러다 남의 집 부수고 새 집 지어 줬으니까 행복하라고 강요해야 옳은 겁니까?

학생 C 요즘 얼굴은 경쟁력입니다. 고쳐줬으면 고맙다고 해야 한다고 보고요. 꽃미남들은 무조건 백설공주에게 감사해야 합니다.

학생 H 그런 생각이 문제라는 겁니다. 의견을 물어봤냐고요. 그리고 꽃미남 막내가 독사과 사건에서 살려줬습니다. 그런데 백설공주는 무엇을 한 거죠? 그러고는 훌쩍 떠난다? 생명의 은인에게 겨우 그렇게밖에 감사의 마음을 표현하지 않았다는 것은 백설공주가 꽃미남들을 우습게 보지 않고서는 있을 수 없는 일입니다.

학생 D 저는 백설공주는 못됐다는 주장에 전혀 동의할 수 없습니다. 백설공주가 남에게 해코지를 하려 하거나, 훔치려고 하거나, 자기 기분 좋아지기 위해 남을 변신시키는 등의 나쁜 의도를 가지고 있었나요? 나쁜 의도가 전혀 없는데 왜 그렇게 확대 해석을 하죠?

퍼실리테이터 네, 아주 뜨거운 토론이 진행되고 있어서 저도 기쁘네요. 자, 그럼 새로운 키워드를 찾아서 새로운 내용으로 넘어가 봅시다. 누가 굴릴까요?

학생 F 제가 굴려보겠습니다. 요술방망이가 나왔네요.

퍼실리테이터 요술방망이가 나에게 생긴다면 어떤 일이 생길까요?

학생 A 요술방망이는 맛동산처럼 생겼을 것 같아요. 길쭉하고 울퉁불퉁……

학생 B 요술방망이가 생긴다면 로또복권 당첨보다 더 신날 것 같아요. 내가 원하는 거 막 만들어낼 수 있으니까요.

학생 C 요술방망이를 좋은 곳에만 쓰지는 않겠죠? 시험 볼 때 똑같은 사람 만들어서 대신 들어가게 하고, 투명인간이 돼서 은행에 숨어 들어가고…… 크크!

학생 D 지금 요술방망이가 어딘가에 있을까요? 그럼 전 타임머신을 만들 거예요. 과거가 궁금하고 내 미래가 궁금해서요.

학생 E 요술방망이가 지금 있다면 사용하는 데 법적 제제를 받지 않을까요? 너무 위험할 것 같은데요.

학생 F 방망이 주인 마음이죠. 나쁘게 쓰든 좋게 쓰든…….

학생 G 전 꽃미녀로 변신할 거예요. 그래서 미스코리아 나가고 영화배우도 되고…… 얼마나 좋아요.

4. 독서신문 제목 뽑기

퍼실리테이터 자, 오늘 독서토론은 어느 정도 마무리가 돼가네요. 이제 남은 건 '독서신문 제목 뽑기'입니다. 오늘 읽은 책 내용으로 각자 독서신문에 제목으로 쓸 내용을 만들어 발표해 볼까요.

> 학생 A 백설공주와 행복의 길
> 학생 B 백설공주의 여정
> 학생 C 살아오는 백설공주
> 학생 D 못된 왕비 벌 받다
> 학생 E 도깨비 방망이를 얻은 백설공주
> 학생 F 이상한 나라 백설공주
> 학생 G 백설공주는 도깨비 방망이

독서토론 4
선녀와 나무꾼 그리고 루돌프

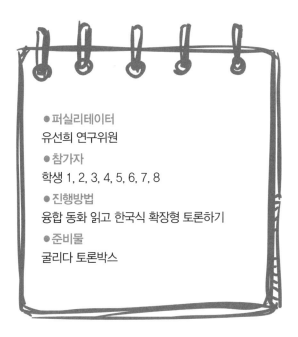

●퍼실리테이터
유선희 연구위원
●참가자
학생 1, 2, 3, 4, 5, 6, 7, 8
●진행방법
융합 동화 읽고 한국식 확장형 토론하기
●준비물
굴리다 토론박스

융합 동화

하루에 햇빛이 다섯 시간 정도밖에 들지 않는 아주 깊은 산속 마을에 마음씨 착하고 정이 많은 나무꾼이 살았습니다. 그는 결혼할 나이가 훌쩍 지났음에도 아직 혼자였습니다.

여자들은 너무 깊은 산중에 살고 있는데다가 도시로 나가서 살 생각이 없는 그와 결혼을 하려 하지 않았습니다. 깊은 산속에서 살고 싶지 않았으니까요.

마땅한 상대를 만나지 못한 나무꾼은 빨리 좋은 여자가 나타나기만을 바라며 혼자 외롭게 지냈습니다.

'오늘은 유난히도 날씨가 좋네. 유후!'

그러던 어느 날, 늘 그랬던 것처럼 혼잣말을 해가며 나무꾼이 나무를 하고 있을 때였습니다. 산길을 헤치며 다급하게 뛰어가던 코가 빨간 사슴 한 마리가 땀을 줄줄 흘리며 달려와서는 숨을 몰아쉬며 너무나도 급하다는 듯 간곡하게 이야기했습니다.

"아저씨, 헉헉…… 제가 지금 사냥꾼에게 쫓기고 있어요. 헉헉…… 잡히면 죽고 말아요. 헉헉…… 제발 저를 좀 숨겨주세요. 네?"

나무꾼은 사슴이 너무나 불쌍해 보였습니다. 그는 나뭇더미를 가리키며 말했습니다.

"자, 빨리 이 안에 숨어."

"고맙습니다, 고맙습니다!"

나무꾼이 아무 일도 없었던 것처럼 다시 나무를 베기 시작했을 때 험상궂게 생긴 사냥꾼 하나가 그 앞으로 다가왔습니다. 그러더니 여기저기를 두리번거리면서 무언가를 찾다가는 나무꾼을 보고 물었습니다.

"혹시 이쪽으로 뛰어오는 사슴 한 마리 못 봤소? 분명히 이쪽으로 온 것 같은데……."

"아, 그 코 빨간 사슴 말이죠? 그놈은 저기 오른쪽 산길로 막 뛰어내려가던데요."

나무꾼은 손가락으로 오른쪽 길을 가리켰습니다.

사냥꾼은 나무꾼의 말이 끝나기 무섭게 고맙다는 인사도 없이 사슴을 쫓아 오른쪽 산길을 향해 내달렸습니다. 그의 뒷모습은 나무꾼의 눈에서 금방 사라졌습니다.

사냥꾼이 멀리 사라진 것을 확인한 나무꾼은 사슴을 불렀습니다.

"사슴아, 이제 나와도 돼."

나뭇더미 속에서 머리를 내밀고는 조심스럽게 밖을 둘러본 사슴이 다리를 일으키더니 몸통을 쑥 빼내었습니다.

"저 오른쪽 길은 건너 마을 앞쪽 산으로 이어져 있단다. 산세가 아주 험해서 아마 사냥꾼은 산속을 헤매다가 건너 마을로 가버리게 될 거야. 그러니 너는 왼쪽 산길로 내려가는 게 좋을 거야. 그 길로 한참 가면 네가 살던 산타 마을이 나올 거고…… 너 루돌프 사슴 맞지? 코가 빨간 걸 보니……."

"네, 제가 산타 할아버지 썰매를 끄는 루돌프랍니다. 제 생명을 구해 주셨으니 제가 아저씨 소원을 하나 들어 드릴게요. 혹시 갖고 싶은 것이나 하고 싶은 일이 있으면 말씀하세요."

"내 소원? 나한테는 어여쁘고 착한 아내만 있으면 다른 건 필요

없는걸! 그런데 정말 소원을 들어줄 수 있니?"

"아저씨 덕분에 목숨을 건졌는데 당연히 그에 대한 보답을 해야죠. 제가 산타 할아버지께 말씀드려서 이번 크리스마스 때 아저씨 아내를 데리고 다시 찾아올게요. 꼭 올 테니까 잊지 마셔야 해요. 아셨죠?"

혼자 약속하듯 말을 내뱉은 루돌프 사슴은 재빨리 왼쪽 산길을 향해 뛰었습니다.

아내를 데려와 준다는 말에 나무꾼은 기분이 좋긴 했지만, 그것도 잠시였습니다. 사슴이 고마워서 한 말일뿐 그런 일은 없을 거라며 스스로를 위로했습니다.

'아내를 선물해 주는 산타 할아버지라니…… 말도 안 돼!'

머쓱해진 나무꾼은 혼자 크게 웃고는 나무 한 짐을 가득 실은 지게를 지고 집으로 돌아왔습니다.

부지런히 나무를 해서 장에 내다 팔아 식량을 넉넉히 준비해 놓은 나무꾼 마을도 어느 새 겨울이 다가와 하얀 눈으로 뒤덮였습니다.

그러던 어느 날이었습니다. 혼자 곤하게 자고 있던 나무꾼의 귓가에 어디선가 문 두드리는 소리가 들려왔습니다. 깜짝 놀라 잠에서 깬 그가 눈을 비비며 문을 열고 나가 보니 루돌프가 산타 할아버지와 함께 문 앞에 서 있는 것이 아니겠습니까!

"아니 넌…… 넌 루돌프 아니니?"

루돌프 사슴을 본 나무꾼은 다시 한 번 놀랐습니다. 그리고 까맣게 잊고 있던, 사슴을 구해 주었던 때의 일이 기억났습니다. 약속에 크게 의미를 두지 않았기 때문에 루돌프 사슴이 그 약속을 지키러 나타나리라고는 생각지 않고 있었거든요.

"네, 맞아요. 제가 꼭 다시 온다고 했죠? 자, 이제부터 산타 할아버지의 말씀을 잘 들으세요."

루돌프 사슴을 타고 온 산타 할아버지는 나무꾼이 익히 듣던 산타의 모습과는 많이 달랐습니다. 나무꾼이 알고 있는 산타는 흰 수염이 길게 나 있고, 배가 나와 뚱뚱하며, 빨간 옷에 빨간 모자를 쓴 그런 모습이었습니다.

하지만 지금 나무꾼 앞에 있는 산타는 작은 키에 비쩍 말랐으며, 빨간색 옷에 빨간 모자는커녕 희고 긴 수염조차 없었습니다. 아니, 빨간 색이 아닌 파란색 옷에 파란색 모자를 쓴 그냥 할아버지였습니다.

'이 산타…… 혹시 가짜 아닐까? 무슨 산타가 파란 옷을 입고 있지? 수상한데…….'

미심쩍게 쳐다보는 나무꾼을 보고 산타 할아버지가 말했습니다.

"루돌프 사슴을 구해 준 보답으로 아내가 필요하다는 당신의 소원을 들어주겠소."

가짜일지도 모른다고 생각은 했지만, 크게 손해 볼 게 없는 나무꾼은 그의 말을 가만히 들었습니다.

"내 말 잘 들어야 됩니다. 이 고개를 넘어 북쪽으로 가면 선녀들이 내려와 목욕을 하고 가는 호수가 있어요. 방금 선녀들이 목욕을 하는 사이에 내가 가장 예쁜 선녀의 날개옷을 아무도 모르는 곳에 숨겨 놓았소. 그 옷을 입지 못하면 선녀는 하늘로 돌아갈 수가 없어요. 목욕이 끝난 다른 선녀들은 자기 날개옷을 입고 하늘로 올라가겠지만 날개옷을 잃어버린 그 선녀는 올라가지 못하고 혼자 남게될 거요. 그때 당신이 다가가 그녀를 데리고 오면 아내로 맞이해 행복하게 살 수 있을 것이오."

"정말입니까?"

산타의 말을 들은 나무꾼은 기쁘기도 했지만 한편으론 어이가 없었습니다. 하늘나라에서도 가장 예쁜 선녀가 자신의 아내가 될 거라니 정말로 믿기지 않았으니까요.

"다만, 명심해야 할 것이 있소. 선녀가 아이를 셋 낳을 때까지는 텔레비전도 못 보게 해야 하고, 인터넷을 하게 해서도 안 됩니다. 또 또래의 젊은 사람들과도 절대 어울리지 못하게 해야 합니다. 나이가 많은 어른들과 함께 있는 것은 괜찮습니다. 아이가 셋이 될 때까지 지금 말한 것들을 지키지 않으면 선녀는 하늘로 돌아갈 수도 있습니다."

"명심하겠습니다, 산타 할아버지. 이렇게 큰 선물을 주시다니…… 정말 감사드립니다!"

그 말을 전부 믿지는 않았지만 밑져야 본전이라는 생각에 나무꾼은 서둘러 산타 할아버지가 알려준 호수를 향해 갔습니다. 그곳에서는 정말로 선녀들이 목욕을 하고 있었습니다. 두근거리는 가슴을 애써 진정시키며 나무꾼은 몰래 숨어서 선녀들의 목욕이 끝나기를 기다렸습니다. 그의 눈에는 선녀들 모두가 하나같이 아름다워 보였습니다.

먼저 목욕을 끝낸 선녀들이 하나둘씩 호수에서 나와 날개옷을 입기 시작했습니다. 그리고는 옷을 다 챙겨 입은 선녀부터 각자 하늘로 올라갔습니다.

얼마나 지났을까요? 한 선녀가 한쪽 구석에서 혼자 웅크리고 앉아 울고 있는 게 아니겠습니까!

"아, 날개옷이 없어졌어! 어떻게 하지? 하늘로 올라가지도 못하고…… 흑흑…… 아무도 없고…… 너무 무서워…… 흑흑…….."

산타 할아버지 말대로 겉에 입는 날개옷을 잃어버린 채 혼잣말을 하면서 두려움에 떨고 있는 선녀의 목소리가 나무꾼의 귀에 또렷이 들려왔습니다.

'바로 저 선녀구나. 정말로 아름다운걸!'

숨어 있던 나무꾼은 선녀가 놀라지 않도록 우연히 지나가던 사람처럼 천천히 다가가 차분하고 친절한 목소리로 물었습니다.

"왜 이렇게 울고 계시나요?"

선녀는 나무꾼에게 날개옷 잃어버린 이야기를 했습니다.

"선녀님이시라고요? 그럼 하늘로 돌아갈 수가 없게 되신 거네요.

무척 속상하시겠어요. ……어차피 이렇게 된 거 이제부터는 제가 선녀님을 지켜드리고 행복하게 해드리겠습니다. 저와 함께 따뜻한 저희 집으로 가시지 않을래요?"

하늘나라로 올라갈 수가 없게 된 선녀는 그를 따라갈 수밖에 없었습니다.

선녀를 아내로 맞이한 나무꾼은 산타의 말대로 텔레비전도 컴퓨터도 없애고, 젊은 사람들이 없는 더 깊은 산속 마을로 이사를 갔습니다. 세상의 소식이나 새로운 이야기들은 전혀 들을 수 없는, 어른들의 옛날이야기만 들을 수 있는 그런 곳이었습니다.

나무꾼은 하루하루가 즐거웠습니다. 선녀가 가끔 하늘나라에 있는 부모님과 형제들을 그리워하며 눈물을 흘리는 게 안타까웠지만, 그럴수록 나무꾼은 선녀를 행복하게 해주기 위해 더욱 노력했습니다.

그렇게 시간은 흘러갔습니다. 어느 덧 나무꾼과 선녀 사이에는 귀여운 아이들이 둘이나 생겼습니다. 아내와 자식들을 행복하게 해주기 위해 그동안 열심히 일을 했던 나무꾼은 제법 돈도 모았습니다.

선녀와 결혼 후 줄곧 행복한 나날을 보내던 그는 더 이상은 선녀가 하늘로 올라가고 싶어 하지 않는다고 생각했습니다. 둘째 아이가 태어난 후부터는 선녀가 부모님 이야기나 고향 이야기를 하지 않았기 때문이었습니다. 게다가 이미 선녀의 뱃속에는 셋째 아이도 있었으므로 산타가 말한 주의사항도 걱정할 필요가 없다고 생각한 나무꾼은 사람들이 북적이는 동네의 새 집으로 이사를 갔습니다. 그에 걸맞은 새 가구와 화질이 좋고 큰 벽걸이 텔레비전도 샀죠.

난생 처음 보는 텔레비전이 신기한 선녀는 이리저리 채널을 돌려가면서 드라마도 보고, 홈쇼핑도 보고, 아이들과 만화영화도 보면서 지냈습니다. 그러던 어느 날, 여느 때처럼 재미있는 프로그램을 찾아 채널을 돌리던 중 홈쇼핑에서 팔고 있는 예쁜 옷이 눈에 확 들어오는 게 아니겠습니까!

'아, 저렇게 예쁜 옷이…… 혹시 날개옷도 팔지 않을까?'

갑자기 부모님의 얼굴이 떠올랐습니다. 눈물이 맺히기 시작했습니다. 선녀는 혹시 날개옷을 구할 수 있을지도 모른다는 생각에 홈쇼핑으로 전화를 걸었습니다.

"혹시…… 거기 날개 달린 옷도 파나요?"

"아닙니다, 고객님. 날개 달린 옷은 산타 할아버지에게서만 구하실 수 있습니다."

착하고 성실한 나무꾼 남편과 함께 사는 것도 좋았지만 부모님이 생각나자 하늘나라로 돌아가고 싶어졌습니다. 하지만 세상에 대해 아무것도 모르는 선녀는 산타 할아버지가 누군지, 어디에 있는지, 어떻게 하면 만날 수 있는지 알 수가 없었습니다.

'산타 할아버지가 도대체 누구지?'

나무꾼이 집으로 돌아오기 무섭게 선녀는 산타 할아버지가 누구냐고 물었습니다.

"산타 할아버지? 모르겠는데……."

아차 싶었던 나무꾼은 모른다고 딱 잡아뗐습니다. 자신의 소원을 들어준 산타 할아버지가 선녀를 하늘나라로 데려다줄지도 모른다는 생각이 들었기 때문입니다.

며칠이 지났습니다. 아이들이 만화영화를 보다가 소리를 질렀습니다.

"우와, 산타 할아버지다! 엄마, 나도 산타 할아버지한테 선물 받고 싶어요!"

큰아이가 조막만한 손으로 텔레비전에 나오는 뚱뚱한 할아버지를 가리키며 말했습니다.

"산타 할아버지라고? 저 사람이 산타 할아버지야?"

"엄마는 산타 할아버지도 몰라? 크리스마스가 되면 착한 일을 많이 한 사람들에게 선물을 주는 할아버지잖아."

'착한 일을 많이 하면 선물을 준다고? 산타 할아버지에게서만 날개옷을 구할 수 있다고 했는데…….'

선녀는 크리스마스 선물로 날개옷을 받고 싶었습니다. 그날부터 선녀는 길거리에서 구걸하는 사람들에게 먹을 것도 갖다 주고, 옷도 챙겨 주고, 돈도 나누어 주었습니다. 또 어렵게 사는 사람들을 위해 자원봉사도 했습니다. 선녀는 남들을 도와주는 게 무척 행복한 일임을 느꼈습니다.

'산타 할아버지가 내 소원도 들어주실까?'

어느덧 크리스마스가 다가와 날개옷을 구할 수 있을지도 모른다고 생각하자 선녀는 가슴이 두근거렸습니다. 크리스마스 이브가 되었습니다. 선녀는 부엌 문고리에 긴 양말을 걸어놓고 소원을 빌었습니다.

"산타 할아버지! 저는 하늘나라로 돌아갈 수 있는 날개옷을 갖고 싶어요. 가서 부모님도 만나고 언니 오빠도 만나고 싶고요. 그동안 저는 이곳에서 정말로 착하게 살았어요. 할아버지가 보실 때도 제가 착하게 산 게 맞는다면 제 소원을 들어주세요. 제발 부탁드려요!"

아침이 되었습니다. 선녀가 잠에서 깨어났습니다. 평소에도 아이들 키우느라, 살림하느라 피곤해 할까봐 선녀를 깨우지 않고 새벽같이 일 보러 나가는 나무꾼 남편은 그날도 이미 나가고 없었습니다.

선녀는 서둘러 부엌으로 가 문고리에 걸려 있는 양말 안으로 조심스럽게 손을 넣었습니다.

'어, 부들부들한 뭔가가 있는데…….'

선녀는 얼른 양말을 뒤집었습니다. 날개옷이 툭 튀어나왔습니다. 수년 전 하늘에서 목욕하러 내려와 호숫가에 벗어놓은 그 날개옷과 똑같았습니다. 선녀는 너무나 기쁜 나머지 눈물이 흘렀습니다.

"이제 그토록 보고 싶었던 부모님을 뵐 수 있게 되었어. 아이들을 보시면 너무나 좋아하실 거야!"

집에는 나무꾼 남편이 없었습니다. 지금까지 자기에게 잘해 준 남편에게 한마디 말도 없이 아이들만 데리고 하늘나라로 올라가려니 미안한 마음에 다시 눈물이 뚝뚝 떨어졌습니다. 하지만 조금이라도 빨리 가서 부모형제를 만나고 싶은 마음에 남편이 들어올 때까지 기다릴 수가 없었습니다.

"얘들아, 우리 하늘나라로 올라가자!"

날개옷을 다 입은 선녀가 두 아이를 품에 안으며 말했습니다.

"하늘나라? 이야, 정말이지?"

"엄마, 진짜야? 신난다. 야호!"

하늘나라에 간다는 말에 신이 난 아이들이 선녀의 품속으로 파고들었고, 선녀는 두 팔로 하나씩 아이들을 안아들고 하늘로 올라갔습니다.

크리스마스라 서둘러 일을 마치고 돌아오던 나무꾼은 하늘나라를 향해 올라가는 선녀와 아이들을 보고는 깜짝 놀라 소리쳤습니다.

"여보, 나 혼자만 두고 아이들과 어디를 가는 거요? 나도 데려가 주시오!"

"제가 살던 하늘나라로 돌아가고 싶어요. 같이 못 가서 미안해요. 행복하게 잘 사세요!"

혼자 남은 나무꾼은 그날 이후 하루하루를 눈물로 보냈습니다. 아내와 아이들이 그리워 아무것도 할 수가 없었습니다. 날개옷을 입어야만 하늘나라로 올라갈 수 있는 선녀 아내가 어떻게 날개옷을 구했는지 모르는 나무꾼은 그저 답답하기만 할 뿐 누구를 원망할 수조차 없었습니다.

그러던 어느 날 자신의 소원을 들어주었던 루돌프 사슴이 떠올랐습니다. 혹시나 하는 마음에, 지푸라기라도 잡아 보려는 심정으로 깊은 산 속 산타 마을을 찾아가 루돌프 사슴에게 물었습니다.

"루돌프야, 내 아내와 아이들이 하늘나라로 올라갔단다. 아내와 아이들이 올라가고 나서 나는 너무 살기가 힘들구나. 어떻게 다시 만날 수 있는 방법이 없겠니?"

산타 할아버지와의 약속을 안 지킨 탓에 아내와 아이들을 잃은 것이었지만, 그래도 자기의 생명을 구해 준 은인이 슬퍼하는 모습을 본 루돌프 사슴은 가슴이 아팠습니다. 한참을 머뭇거리던 루돌프 사슴은 도저히 이대로 이들이 헤어지게 놓아둘 수 없다고 생각했습니다. 루돌프 사슴은 산타 할아버지가 다른 사람들에게 절대로 이야기해서는 안 된다던 비밀 하나를 나무꾼에게 알려주었습니다.

"그때 날개옷을 잃어버린 이후로 날개옷을 도둑맞을까봐 선녀들이 내려오지 않는대요. 대신 보름달이 뜨는 날 하늘의 문을 열고 두레박으로 호수 물을 퍼 올려서 목욕을 한다고 들었어요. 그러니까 아저씨는 보름달이 뜨는 날 그 호숫가에 가서 기다렸다가 두레박이 내려오면 거기에 타세요. 하늘로 올라갈 수 있을 거예요. 이건 비밀이에요. 다른 사람들이 눈치를 채서는 절대 안 돼요. 아셨죠? 만일

제가 아저씨께 이런 사실을 알려주었다는 소문이 돌면 아마도 산타 할아버지는 저 말고 다른 루돌프를 타고 아이들에게 선물을 주러 다니실 거예요. 그러니 비밀 꼭 지켜주세요!"

"알았다! 걱정 말거라. 비밀은 꼭 지키도록 할게. 역시 나를 생각해 주는 건 너뿐이구나. 고맙다!"

나무꾼은 보름이 되는 날 루돌프의 말대로 일찍 산 속 호숫가로 가 달이 떠오르기만을 기다렸습니다. 드디어 날이 어둑어둑해지면서 멀리서 달이 떠오르는 게 보였습니다. 몇 시간이 더 지나 나무꾼의 머리 위로 꽉 찬 보름달이 올라섰을 때였습니다. 루돌프 사슴의 말대로 정말로 하늘에서 스르르 두레박이 내려오기 시작했습니다. 선녀 아내를 만날 때처럼 숨을 죽인 채 조용히 아래에서 지켜보고 있던 나무꾼은 두레박이 다 내려오자 얼른 올라탔습니다. 그리고 천천히 하늘나라로 올라갔습니다.

1. 토론 열기

퍼실리테이터 안녕하세요? 이번 주 독서토론은 '선녀와 나무꾼 그리고 루돌프'입니다. 모두 재미있게 읽었나요? 꼼꼼히 읽은 학생도 있고, 줄거리만 대략 훑은 학생도 있고, 사정에 따라 다르겠지만 오늘 독서토론을 통해 '선녀와 나무꾼에 대해 생각할 수 있게 되어서 참 좋았다'라는 마음이 들도록 열심히 참여해 주기를 바랍니다. 독서토론을 할 때마다 같은 책이지만 나와 어떤 다른 생각이 나올지 항상 궁금하죠? 나와 다른 생각을 배우는 일은 매우 중요합니다. 세상은 혼자만 사는 게 아니라 함께 살아가고 있기 때문입니다. 다른 사람의 생각을 알고, 그 생각을 나누고, 부족한 것은 버리고, 훌륭한 것은 선택함으로써 우리가 사는 세상이 더 좋아지면 나 역시도 행복해지지 않겠어요? 자, 늘 이 생각을 염두에 두고 독서토론에 임해 주시길 부탁드립니다.

2. 키워드 찾기

퍼실리테이터 이제 독서토론 1단계 키워드 발표하기에 들어가도록 하겠습니다. 융합동화를 읽고 머릿속에 남은 키워드를 돌아가면서 발표해 주시기 바랍니다.

학생 1 선녀요.

학생 2 나무꾼이요.

학생 3 루돌프 사슴이요.

학생 4 산타할아버지요.

퍼실리테이터 또 없나요? 독서토론에서 키워드는 꼭 주인공에만 한정된 것이 아닙니다. 다양한 키워드를 갖고 다양한 시각으로 해석해 보는 게 좋습니다.

학생 5 날개옷이요.

퍼실리테이터 그렇지요. 날개옷도 좋네요.

학생 6 두레박이요.

학생 7 호수요.

학생 8 세 아이입니다.

퍼실리테이터 네, 이 정도면 충분히 나온 것 같습니다.

3. 토론 시작

퍼실리테이터 조금 전에 찾은 키워드를 이용하여 독서토론을 시작하겠습니다. 굴리다 토론박스를 굴려서 나온 키워드를 가지고 생각을 나누겠습니다. 돌아가면서 굴릴 수 있도록 가위 바위 보로 순번을 정하겠습니다. 가위 바위 보!

학생 5 제가 먼저입니다. (굴리다 토론박스를 굴립니다.) 와, 선녀가 나왔습니다.

퍼실리테이터 네, 선녀네요. 그럼 지금부터 선녀라는 키워드를 가지고 독서토론을 시작하겠습니다. 선녀는 하늘나라 공주였을까요, 하녀였을까요? 저는 그것이 궁금하네요. 누가 먼저 발언해 볼까요? (학생 1이 손을 든다.) 네, 말씀해 주세요.

학생 1 선녀는 하늘나라 공주였습니다. 그러니까 자유롭게 지상에 목욕하러 내려 온 거지요

학생 2 저는 반대라고 생각합니다. 지상까지 목욕하러 온다는 것은 하늘나라에서는 눈치가 보여 편안하게 목욕할 곳이 없기 때문

입니다.

학생 6 저도 앞의 의견에 동의합니다. 하늘나라 호수가 지상의 호수보다 훨씬 맑고 깨끗할 텐데 지상까지 와서 목욕을 한다는 것은 천민이라는 의미겠지요.

학생 7 아닙니다. 지상으로 여행 삼아 오는 것이라고 생각합니다. 우리가 이 온천, 저 온천 찾아다니듯 능력이 되니까 놀러 다니는 것 아닐까요?

학생 3 그런데 하늘나라에도 신분이 있어요?

모두 하하하!

퍼실리테이터 그렇죠. 하늘나라…… 우리가 본 적이 없는 나라죠. '있다 없다'를 떠나서 이런저런 가능성에 대해 생각을 나누는 것이지요. 그럼 이제 본격적인 토론을 시작해 볼까요? '선녀는 착하다'를 논제로 하겠습니다. 보통 우리는 착한 존재라면 선녀를 떠올립니다. 서양에서는 '천사'라고 부르는데 착한 존재의 상징이지요. 그럼 '선녀와 나무꾼'에 나오는 선녀도 착한가요? 지금 앉아 있는 학생들 둘씩 짝을 지어 가위 바위 보를 해주세요. 진 사람은 '착하다' 팀, 이긴 사람은 '아니다' 팀으로 하겠습니다. (두 명씩 가위 바위 보를 한 후 찬반 의견을 나눌 모둠 형식으로 자리를 배치합니다.) 자리가 배치됐으니 10분 동안 '생각 나누기'를 하세요. 각 팀이 펼칠 주장에 대한 근거를 의논하고, 상대편 근거를 예상해 보고, 그것에 대한 반박도 생각하고, 또 자기편 근거를 치고 들어올 반박에 대해서도 준비하면 됩니다.

(생각 나누기를 하는 동안 퍼실리테이터는 잘 준비하고 있는지 확인하며 각 편을 살짝 도와줍니다)

퍼실리테이터 자, 10분이 지났네요. 토론을 시작하겠습니다. 어느 쪽이 모두발언을 하겠습니까? 네, 찬성 팀이 모두발언을 하겠다는 뜻을 먼저 보였네요. 찬성 팀, 발언해 주세요.

찬성 1 선녀는 착합니다. 나무꾼이 날개옷을 숨기고 자기와 살자고 했을 때 원망하거나 화 내지 않고 아무 말 없이 살았기 때문입니다.

퍼실리테이터 네, '화 내지 않고, 소리 지르지 않고, 그냥 말없이 따라가서 살았으니 착하다'는 말씀. 좋습니다! 계속 찬성의 의견을 듣도록 하겠습니다. 한국식 확장형 토론은 '반대를 위한 반대'보다 '공감을 위한 경청'을 우선합니다. 상대의 말에 귀를 잘 기울여 상대의 마음과 뜻을 헤아리고 인정할 건 인정하는 모습과 고칠 건 고치도록 요구하는 모습을 보여주어야 합니다. 찬성 팀, 계속 발언해 주세요.

찬성 2 선녀는 착합니다. 같이 살면서도 '나 몰라' 하면서 드러누워 잠만 자거나 하지 않고, 아기 낳고 살림하면서 묵묵히 나무꾼과 함께 살았기 때문입니다.

퍼실리테이터 네, 좋습니다. 또 찬성의 근거를 발언해 주세요.

찬성 3 네, 선녀는 착합니다. 자식들에게 출생의 비밀을 떠벌리지 않고 나무꾼 남편에게 아버지로서의 권위를 지켜 주었기 때문입니다.

퍼실리테이터 네, 그렇군요. 찬성 의견 잘 들었습니다. 또 다른 의견 있습니까? 없으면 이제 반대편 의견을 들어보겠습니다. 반대편 발언해 주세요.

반대 1 저는 '선녀가 착하다'에 반대합니다. 왜냐하면 나무꾼에게 한마디 귀띔도 없이 아이들만 데리고 하늘로 올라갔기 때문입니다. 그 이후를 준비할 시간조차 주지 않았으니 나무꾼은 얼마나 당황스럽고 고통스러웠을까요?

퍼실리테이터 반대 측은 돌아가면서 계속 발언해 주시면 됩니다.

반대 2 네, 선녀는 착하지 않습니다. 진실을 숨기고 살았기 때문입니다. 나무꾼과 살면서도 마음속으로는 내내 어떻게 하면 여기를 떠날 수 있을까, 어떻게 하늘로 돌아갈까 하는 생각만 했기 때문에 날개옷을 찾자마자 올라가 버린 것이라고 보아야 하니까요.

반대 3 맞습니다. 마음을 달리 먹고 살아가는데 그것이 어찌 착한 행동입니까? 속으로 딴 마음을 품었으니 겉으로 살림을 잘했다고 해도 착하다고 볼 수 없습니다. 무서운 여자입니다!

퍼실리테이터 네, 반대 의견 잘 들었습니다. 또 다른 반대 의견 있습니까? 없으면 반박을 통한 자기 의견 굳히기를 위해서 10분 동안 '생각 나누기'를 하겠습니다. 상대편 의견에 대한 반박 내용을 찾으십시오.

(퍼실리테이터는 생각 나누기가 잘 되고 있는지 확인합니다.)

퍼실리테이터 이제 10분이 지났네요. 토론을 계속 진행하겠습니다. 반박 의견은 반대 측부터 발언해 보겠습니다.

반대 4 찬성 측에서 선녀가 착하다는 근거로 '말없이 살았다, 화를 내지 않았다, 소리를 지르지 않았다, 드러누워 잠만 자지 않았다, 나무꾼을 아버지로서의 권위를 지켜주었다'라고 했는데, 이 모든 것이 속에 품고 있던 다른 꿍꿍이를 해결하기 위한 위장술이었다는 생각은 안 하시는지요? 답변을 듣고 싶습니다.

찬성 4 네, 제가 대답하겠습니다. '다른 꿍꿍이'라 하셨는데, 다른 마음을 품었다기보다는 '그리움'이라고 말해야 옳지 않을까요? 낯선 객지에 홀로 떨어진 채 고향을 그리워하는 것이 어떻게 나쁜 일이 되나요?

반대 1 그 답변에 제가 재반론을 하겠습니다. 그리워한 행위를 두고 나쁘다고 판단하는 것이 아닙니다. 왜 자기 속내를 털어놓지 않고 나무꾼 뒤통수를 치느냐는 뜻이지요. 서로 상의해서, 우리가 이렇게 토론과 토의를 하듯 의견을 나누어야지, 가만히 입 다물고 있다가 자기 목적을 달성했으니 하늘로 올라간다? 그러니까 착하지 않다는 것입니다.

찬성 1 아니지요. 상의를 했다면 나무꾼이 날개옷을 돌려주지 않았겠지요. 날개옷을 입고 하늘로 오른다는 것은 선녀 입장에서는 꿈에 그리던 소원인데, 나무꾼이 반대할 걸 알면서 속을 털어 놓을 수는 차마 없지요.

반대 2 속을 털어 놓지 못하는 것은 이해가 갑니다. 그렇다고 그것이 착하다는 사실을 증명할 근거는 못 됩니다. 착하다면서 아이를 둘 낳을 때까지 목적을 숨기고, 착하다면서 간다는 말도 없이 가 버려 나무꾼 가슴에 못을 박았습니다. 정말 착하다면 끝내 자기 마음이 아프더라도 나무꾼에게 상처 주는 일은 없어야지요.

찬성 2 나무꾼이 선녀를 먼저 속였을 뿐더러 가슴에 못을 박고 상처를 주었습니다. 나무꾼이 자신을 이산가족을 만들어 놓았는데도 참고 희생하며 원망하지 않고 살았습니다.

반대 3 나무꾼은 착하지 않은 그저 그런 평범한 사람이니까 그럴 수 있지요. 나무꾼은 착하다가 논제가 아니므로 '나무꾼이 먼저 일을 저질렀기 때문'이라는 주장은 지금 맞는 이야기가 아닌 것 같습니다. '선녀는 착하다'라는 정의가 참이 되려면 착한 것의 범위가 적어도 사람보다는 월등해야지요. 사람과 똑같은데 '착한 선녀'라고 말할 수는 없습니다.

퍼실리테이터 좋습니다. 찬성, 반대 의견 잘 들었습니다. 각자의 생각을 구체적이고 세밀한 근거를 들어 잘 이야기해 주었습니다.

시간이 많으면 토론박스를 한 번 더 던져서 새로운 단어로 재미 있는 시간을 가져 보고 싶은데 오늘은 시간 관계상 여기까지 하도록 하겠습니다. 마지막으로 오늘 나눈 토론을 정리해서 발표할 사람 손 들어주세요. 네, 이 발표로 오늘 독서토론을 마무리하겠습니다. 모두 수고 많았습니다.

학생 5 오늘은 '선녀와 나무꾼'에 대해서 토론을 했습니다. 논제 '선녀는 착하다'에 대한 찬성 의견은 '선녀가 부당하게 날개옷을 빼앗기고 원하지도 않는 나무꾼을 남편으로 두고 살았는데도 한마디 원망이나 불평을 하지 않았다'는 사실을 들었습니다. 그리고 반대 측은 진정으로 '착하다'라는 상징에 알맞은 선녀는 아니다. 진정 착하다면 나무꾼에게 한마디 말도 없이 아이 둘만 챙겨서 바람처럼 사라질 수는 없다. 나무꾼의 가슴에 못을 박는 행위를 하지는 않았을 것이라는 의견을 냈습니다. 이상입니다.

부록

장관상 타기
전국청소년토론축제 연습

초등부와 중등부, 고등부로 나뉘어 치러지는 전국청소년토론축제는 매년 5~6월경 사단법인 한국청소년문화진흥협회에서 주최하며 여성가족부와 각 지방 교육청 및 자치단체장, 대학교, 언론사 등이 후원하는 전국토론대회입니다.

　청소년들에게 한국식 확장형 토론을 경험하게 함으로써 민주적이고 논리적인 문제해결능력을 키우는 동시에, 올바른 전공 선택 및 구술면접의 실제를 경험할 수 있는 기회 제공을 목적으로 하고 있습니다.

　참가자격은 초등부(초등 4학년 이상), 중등부(중학생), 고등부(고등학생)로 참가비는 무료입니다. 소정의 교육을 받고 심사위원으로 활동하는 선생님들은 봉사시간도 받을 수 있는 대회입니다.

대상	예 선	본 선
초등학생	• 참여방법–서류제출(공모전) • 제출내용–자기PR하기 　지정서식 사용 • 제출방법(메일 또는 우편)	• 참여방법: 직접참여 • 참여부문 　–독서토의 · 토론 : 즉석논제 　　(한국식 확장형 토론) 　–자기소개서작성(서식제공)
중학생	• 참여방법–서류제출(공모전) • 제출내용–자기PR하기 　※지정서식 사용 • 제출방법(메일 또는 우편)	• 참여방법: 직접참여 • 참여부문 　–시사토론 : 공개논제 　　(한국식 확장형 토론) 　–자기소개서작성(서식제공)
고등학생	• 참여방법–서류제출(공모전) • 제출내용 　–주최측에서 정하는 내용 　※지정서식 사용 • 제출방법(메일 또는 우편)	• 참여방법: 직접참여 　–한국식 확장형 토론 　–구술면접 　–자기주장 　–자기소개서작성(서식제공)

※ 참여방법이나 참여부문은 사정에 따라 변경될 수 있음.

시상내역은 다음과 같습니다.

• 1등(대상) 여성가족부장관상

• 2등(금상) 각 지역 도지사상, 도교육감상, 도의회의장상, 각 후원
  대학교 총장상

• 3등(은상) 교육지원청 교육장상, 언론사 사장상,

• 4등(동상) 협회장상, 청소년 관련 단체장상

① 한국식 확장형 토론부문

전국청소년토론축제에서 고등부는 네 가지 부문을 로테이션으로 돌아가며 경험하는 방식으로 진행합니다. 본선 날은 오전에 개회식을 하고 점심 식사 후 한 시쯤 본격적으로 대회를 시작하죠. 순서를 다 마치면 여섯 시쯤이나 되어야 참가자들이 개회식 장소로 돌아옵니다. 그리고 폐회식을 하죠.

고등부가 네 부문을 모두 치르면 심사위원들이 모여 네 부문 중 그날 먼저 토론부문만의 점수를 정리합니다. 폐회식 때 토론부문 대상을 발표하기 위해서죠. 명색이 토론축제니만큼 토론부문에서 제일 좋은 평가를 받은 참가자를 당일 발표하는 게 의미가 있기 때문입니다. 또 본선 참가자들도 모두 함께 직접 채점한 부문이기 때문에 그것에 대한 궁금증을 즉시 해소하기 위해서이기도 합니다. 본인 자신일 수도, 자신이 높은 점수를 준 친구일 수도 있으니 어찌 안 궁금하겠습니까! 그날 이 상을 받은 학생에게는 금상(교육감상)을 수여하는데, 추후 네 부문 전체 점수를 합산해 토론부문 대상을 받은 학생이 대상(장관상)을 받게 되면 금상은 자동적으로 차점자에게 넘어가게 됩니다.

서현고 2학년 학생이 토론부문 대상을 받았을 때였습니다. 본인의 이름이 발표되고 단상으로 나온 그 학생은 아주 담담하게 소감을 이야기했습니다.

"작년 1학년 때 참가했을 때는 학교에서 토론을 잘한다는 소리를 자주 들어서 당연히 이 대회에서도 상을 받을 줄 알았는데 못 받았습니다. 토론방식이 많이 달라서 당황했던 게 사실입니다. 하지만 정말 재미있는 경험이었고 너무나 유익했습니다. 또 나와야겠다는 마음을 먹고 올해 다시 참가했는데, 이렇게 상을 받게 되어 정말 영광입니다."

국제고, 특목고, 자사고 등 소위 공부를 잘한다는 학교 학생들이 대거 참가한 적이 있었습니다. 당시에는 경기도 최북단에 위치한 전곡고등학교 학생들이 토론부문 대상을 받아 화제가 되었죠. 맨 처음 참가할 때에는 별로 두각을 나타내지 못했던 학생들이 연이어 참가하면서 일구어낸 노력의 결과물이었죠.

"이 대회에 나오기 위해 특별하게 준비한 것은 없습니다. 평소 토론동아리에 적극적으로 참여하면서 다양한 토론주제를 다루었던 것이 이 자리에 설 수 있었던 이유라고 생각합니다."

이화여대를 거쳐 독일에서 공부를 하고 있는, 당시 부산 만덕고 김 모 학생도 고등학교 1학년 때부터 참가하기 시작하더니 마침내

3학년 때 장관상을 받았습니다. 2학년 때는 금상을 받았죠. 이 학생은 연세대학교 수시 면접도 포기한 채 토론이 하고 싶어 전국청소년토론축제에 참가했다고 했습니다.

머리 좋고 똑똑한 참가자가 최고가 되는 토론이 아니라 평소에 토론을 즐기는 참가자가 최고가 되는 토론대회가 바로 전국청소년토론축제입니다.

한국식 확장형 토론 순서 및 규칙

전국청소년토론축제에서의 한국식 확장형 토론은 한 조에 15명씩으로 진행합니다. 찬성과 반대 각 팀을 7명씩으로 구성하고 나머지 한 명은 사회를 맡습니다. 온전히 참가자들로만 구성된 토론으로 심사도 심사위원과 참가자가 함께합니다. 토론규칙은 다음과 같습니다.

시작 전

① 입장별 7인 1조로 전체 토론 팀을 구성하며, 당일 무작위로 제비뽑기를 하여 토론에서의 입장을 정한다. 이때 고등부는 참가자 중에서 사회자를 정한다.

② 토론 시작 전 30분(토론시간이 총 90분일 때) 동안 생각 나누기를 하여 정리와 내용 공유의 시간을 갖는다. 토론시간에 따라 토론 전

생각 나누기 시간을 조절한다. 고등부는 생각 나누기 과정 없이 바로 60분 토론에 들어간다.

토론

① 준비해 온 자료는 이용할 수 없다. 단, 당일 나누어준 종이에 토론 전 '생각 나누기'에서 논의되는 내용을 적을 수 있고, 그 메모만 자료로 활용할 수 있다.

② 상대방에게 존칭을 사용하고, 발언권을 획득한 후 발언해야 한다. 토론 활성화를 위해 다른 규칙은 없다.

③ 토론 과정에서 사회자 또는 어느 한쪽 팀에서 1회 5분에 한하여 '생각 나누기'를 요청해 사용할 수 있다. 즉 사회자 5분, 찬성팀 5분, 반대팀 5분을 중간에 생각 나누기로 사용할 수 있다는 이야기이고, 굳이 사용할 필요가 없다면 그대로 진행해 나가면 된다는 말이다. 사회자의 5분은 토론이 진행되는 동안 너무 한쪽 팀이 불리하게 진행될 때 사용하면 적절하다.

④ 모두발언은 사회자에게 발언권을 요청한 팀에서 선점하고, 그 표현방식은 '~때문에 우리의 입장은 ~(찬/반)입니다.'라는 형식을 취한다. 모두발언 이후의 표현은 자유롭게 한다.

⑤ 발언을 하려 할 때는 손을 들어 사회자에게 발언기회를 요청하여야 한다.

⑥ 발언권을 획득한 팀에게 한 번에 2회 정도의 발언권을 주는

것을 원칙으로 한다.

⑦ 말하는 순서와 시간이 정해져 있지 않다.

⑧ 사회자의 진행이 미숙하다고 판단되면 참가자들이 심사위원에게 교체를 요청할 수 있고, 요청이 받아들여지면 교체할 수 있다.

⑨ 마무리 발언의 기회는 각 팀당 2회씩 적용한다.

⑩ 심사위원은 발언할 수 없다.

토론 후

① 투표는 심사위원 및 토론 참가자 모두 비밀투표로 한다.

② 1인 2표제로 심사위원의 점수는 토론 참가자와는 차등 점수를 적용한다.

감점기준

① 토론 독재 행위 사회자 및 상대 팀과 자기 팀을 모두 무시하고 자신만을 드러내기 위해 전체를 희생시키며 발언하는 행위.

② 발언권 독점 행위 자신이 속한 팀의 다른 학생들이 발언을 못할 정도로 발언을 독점하는 행위.

③ 발언 방해 행위 상대 팀이 발언하려고 하면 미리 차단하고 자신의 발언만 계속 주장하는 행위.

④ 논점일탈 반복발언의 금지 논제의 범위를 벗어난 내용을 반복해 주장하는 행위.

⑤ 신상발언의 금지 해석의 왜곡이나 인신공격으로 토론 분위기를 해치는 행위.

배정시간과 순서

총소요시간은 60분(90분일 경우에는 토론 전에 30분간 '생각 나누기'를 하고 정리시간을 갖는다.)으로 한다.

항목	내용	시간
준비	주의사항 전달 및 심사권 배포, 각 입장 제비뽑기	5분
시작	사회자의 진행규칙 및 토론 주제 정리 발표	5분
토론	사회자 또는 어느 한 팀의 요청으로 '생각 나누기'를 1회에 걸쳐 5분 동안 할 수 있다.	45분
투표	심사위원과 토론 참가자 투표	5분

토론평가 기준

① 논리성

- 논외의 주제를 가지고 주장을 하는가?
- 논의의 발전을 이루지 못하고 자신이 준비한 몇 가지 논리로 반복된 주장을 펼치고 있지는 않는가?

② 학생의 태도

- 사회자의 통제나 진행에 충실히 따르는가?
- 의사진행에 문제가 있을 때 의사진행발언의 기회를 얻어 진

행을 바로잡을 줄 아는가?

③ 표현의 적절성

- 자신의 주장을 표현함에 있어 의미전달을 위해 적합한 단어를 선택할 줄 아는가?

④ 분석력/정의

- 자신이 주장할 내용을 잘 정리하고 정의하는가?
- 상대방의 주장에 대해 자신이 주장할 부분을 잘 판단하는가?

⑤ 증거

- 설득력 있고 정확한 최근의 증거와 통계적 자료를 사용하는가?
- 증명되지 않거나 모호한 기준에 의한 증거들을 사용하고 있지는 않은가?

⑥ 반박

- 상대편 반박에 대해 논리적으로 대변할 줄 아는가?
- 상대방의 논리적 오류를 정확히 짚어내는가?

⑦ 구성

- 주장과 증거에 대한 발언의 구성을 논리적으로 잘하는가?

⑧ 전달

- 의미를 제대로 전달하고 있는가?
- 토론이 진행되고 있는 상황에 맞게 주장을 하는가?

⑨ 언어/스타일

- 정확한 발음, 어눌하지 않은 말투, 고급스러운 어휘사용, 문장 응용력이 좋은가?

⑩ 발언 수

- 전체적으로 발언을 독점하지 않으면서 발언의 빈도수가 높은 편인가?

대회진행순서 및 심사위원 행동수칙

No	순서	내용
1	자리 확인	심사위원 본인 자리 및 참가자들의 자리를 확인한다.
2	채점자 확인	① 조 학생들이 맞게 찾아 들어왔는지 확인(공통, 문과, 이과 각 과별로 토론 진행) ② 선택함에서 찬/반/사회자 제비뽑기 ③ 뽑은 입장표에 맞춰 자리 재 착석 (뽑은 제비 다시 통에 넣기)
3	토론 시작 및 종료	사회자의 진행으로 논제를 설명한 후 토론 시작(심사위원 개입 불가).
4	투표	① 토론이 종료되면 학생용 토론 투표용지를 학생들에게 배포. ② 같은 조원 중 가장 잘한 학생의 이름을 써서 투표(다른 조원 이름 무효). ③ 투표용지는 4등분으로 접어 수거.
5	채점 후 행위	① "수고하셨습니다." 인사. ② 학생과 심사위원 투표용지를 모두 조별 수거봉투에 넣어 봉인하고 겉에 심사위원 서명. ③ 각 팀별 진행요원에게 봉투 전달.

자기소개서 쓰기 부문

―나를 찾아가는 여행

전국청소년토론축제 참가자들은 모두 '자기소개서'를 써야 합니다. 또한 요즘은 대입이나 취업은 물론이고, 특목고나 자사고 및 취업률 100%를 자랑하는 특성화고 등 자기소개서를 꼭 제출해야 하는 곳이 점점 늘어나는 추세죠. 십대들은 어떻게 살아왔고, 어떻게 살아갈 것인지를 자기소개서라는 공간 위에 한정된 글자로 멋지고 진솔하게 담아내야만 합니다.

중요해진 자기소개서로 인해 대필 전문업체가 우후죽순 생겨나고 있는 것도 사실입니다. 하지만 자신이 쓰지 않은 자기소개서는 영혼 없는 육체와 같습니다. 입시 또는 취업의 성패와는 상관없이 비싼 돈 들여 그럴 듯해진 자기소개서에는 진정성이 없습니다. 설사 그것마저 담겨 있다 해도 자신의 것은 아니죠.

전국청소년토론축제 참가자들에게 자기소개서를 쓰게 하는 이유는 '내'가 '나'를 얼마나 잘 알고 있는지를 확인하는 '나를 찾아가는 여행'이자 '자기 꿈 증명서'가 바로 자기소개서이기 때문입니다. 더

불어 '주어진 조건에 대한 해결 능력을 확인하는 글'이자 '글로 보는 면접'이기도 합니다.

고등학교나 대학, 나아가 기업에서 지원자가 추구하는 미래에 대해 알려 하고, 어떤 노력을 했는가를 확인하려는 이유도 마찬가지입니다. 지금은 완성되지 않았지만 학교 또는 회사를 통해 성장했을 때 학교를 빛내거나 회사의 발전에 얼마만큼 기여할 수 있는 인재인가를 판단하기 위해서죠. 자기소개서를 통해서 미래에 하고 싶은 일, 그것을 완성하기 위해 준비하고 쌓아온 것들, 그와 관련된 일관성 있는 공부계획, 그리고 자신이 가진 장점 등을 알 수 있으니까요.

대학에 지원한 두 학생에게 입학사정관이 물었습니다.

"졸업하면 무엇을 하고 싶은가요?"

"돈을 많이 벌고 싶습니다."

두 학생은 대답은 같았습니다.

"왜 많은 돈을 벌고 싶은 거죠?"

한 학생이 먼저 말했습니다.

"저는 돈을 많이 벌어 치킨 가게를 열 것입니다. 좋아하는 치킨을 실컷 먹을 수 있으니까요."

옆의 학생이 대답했습니다.

"저는 돈을 많이 벌어 환경이 어려운 지구상의 여러 나라에 기부

하는 재단을 만들 생각입니다."

둘은 똑같이 돈을 벌어야 한다고 이야기했습니다. 하지만 그 돈을 수단으로 한 꿈에는 차이가 있죠. 사실 어떤 꿈이 더 좋은지에 대해서는 평가할 수 없습니다. 각자에게는 모두 소중한 꿈이기 때문입니다. 하지만 어떤 꿈이 더 가치 있는지는 판단할 수 있죠. 그에 따라 각각 어떤 노력을 할 것인지도 짐작이 갑니다. 꿈에 대한 확신과 그 크기는 자신을 결정하는 큰 동기이기도 하니까요.

또 자기소개서는 몇 가지 주어진 조건에 맞추어야만 하는 제한적 글쓰기입니다. 주어진 조건에 대한 해결 능력을 확인하는 글이라고 한 이유가 거기에 있죠. 예를 들어, '……를 400자 이내로 쓰시오.'라는 조건을 주었는데 500자를 쓴다면 그 노력을 가상하게 여겨 합격시킬까요? 아닙니다. 어느 곳도 주어진 조건조차 이행하지 못하는 지원자를 뽑지는 않습니다.

게다가 실물보다 먼저 입학사정관 또는 인사담당자에게 읽히는 게 자기소개서입니다. '글로 보는 면접'이나 마찬가지인 것이죠. 학교나 회사가 요구하는 내용을 정확하게 파악하고 제시한 조건에 맞추어 솔직하게 자기를 증명하는 내용들을 적음으로써, 그들로 하여금 '이 자기소개서의 주인공을 만나고 싶다.'는 생각이 들도록 해야 합격에 한발 다가갈 수 있습니다.

그럼에도 그들의 마음과 눈을 사로잡는 데에 특별한 왕도는 없습니다. 다만, 입학사정관 또는 인사담당자들의 시선을 단번에 끌어야 하는 것은 맞습니다. 숨을 죽이며 읽지는 못하더라도 언제 읽었나 싶을 정도로 순식간에 끝까지 읽어 내려갈 수 있도록 써야 합니다. 입시철, 입사철만 되면 상상 이상의 수많은 자기소개서를 보아야 하는 그들에게는 글을 찬찬히 살펴볼 여유도, 똑같은 출발과 밋밋한 전개를 끝까지 읽을 기력도 없기 때문이죠.

다음에 나오는 '자기소개서 쓰기를 위한 35단계 훈련'은 앞에서 말한 것처럼 '나를 찾아가는 여행'입니다. 한 단계 한 단계 연습하다 보면 어느새 '나는 누구인가' 확인하게 되고, 자기가 갈 길이 어디인지를 알게 될 것입니다.

1단계 ▶ 내가 좋아하는 스무 단어

2단계 ▶ 내가 싫어하는 스무 단어

3단계 ▶ 나의 과거, 현재, 미래

구 분	그림, 사진, 신문 등
과거의 내 모습	
가장 멋진 현재의 내 모습	
5년 후 내 모습	
10년 후 내 모습	
50년 후 내 모습	

4단계 ▶ 나의 개성 찾기

아래 꾸미는 말 속에서 나에게 해당되는 것을 찾아보자.

무뚝뚝한	매혹적인	추진력이 강한	부드러운	적극적인
넋을 빼앗는	익살스러운	늙은	끔찍스러운	쌀쌀맞은
질투심이 강한	즐거운	겁에 질린	무서운	흥분한
안달하는	편견이 없는	걱정이 많은	충실한	거만한
신뢰할 수 있는	볼이 빨간	유명한	예민한	비길 데 없는
말주변이 좋은	앞치마를 두른	친절한	불쌍한	우유부단한
천식에 걸린	변덕스러운	당당한	평범한	불공평한
불 같은	의협심이 강한	쾌활한	난폭한	머리가 벗겨진
허약한	안짱다리인	포동포동한	단정치 못한	눈이 큰
아는 체하는	노련한	신뢰할 수 없는	피부가 검은	자유로운
다리를 저는	금발 머리의	무서운	웃기는	깐깐한
세련된	허풍 떠는	재능이 있는	점잖은	만족스러워 하는 듯한
시시한	대담한	킥킥 웃는 버릇이 있는	밝은	네 발이 있는
베일에 싸인	책을 좋아하는	멋진	태평한	쌍둥이 중 하나
양심이 있는	발랄한	열심인	나긋나긋한	위엄 있는
역겨운	무례한	우아한	외로운	탐색하는
폭력적인	기운이 넘치는	욕심 많은	머리가 긴	조용한
생기가 넘치는	심술궂은	고함을 지르는	유능한	까다로운
미친	어슬렁거리는	식욕이 왕성한	영리한	냉담한
신비한	눈에 띄는	방랑하는	복제된	행복한
마음을 끄는	침착하지 못한	머리가 하얀	서투른	몰인정한
웅장한	고결한	사악한	우쭐대는	비열한
시끄러운	사나운	독창적인	나른한	온순한
버릇없는	날씬한	잔인한	절뚝거리는	명랑한
갈색 머리의	호기심이 있는	희망에 차 있는	힘이 있는	슬픈
생각에 잠긴	고상한	차가운	비웃는 듯한	신랄한
재치 있는	검은 머리의	게으른	순진한	수줍은
얼굴을 찡그린	섬세한	버릇없는	이름 없는	노래하는
지루해하는	성급한	속이 좁은	호리호리한	보조개가 있는
불결한	동경하는	낙담한	어리석은	장난꾸러기인
슬퍼하는	젊은	정떨어지는	총명한	신경질적인
청년다운	열심인	의지가 강한	인상적인	열렬한
성실한	재잘거리는	시끄러운	빨리 움직이는	나이 지긋한
참견 좋아하는	말이 많은	씩씩한	품위 있는	멍청한
바보 같은	꼬마 요정 같은	농담을 좋아하는	얌전한	취미가 고상한

5단계 ▶ 관계망 그리기

- 자신이 남자면 세모, 여자면 동그라미로 표현하기로 약속한다.
- 자신이 느낄 때 좋은 느낌을 가지는 사람은 가까이에, 그렇지 않은 사람은 멀리 표현한다.
- 크기는 자신이 느끼는 심리적, 정서적 크기에 맞춰 표현한다.
- 살아가다 보면 힘겨운 갈등관계를 형성하게 되는데, 그중에는 계속 보지 않으면 안 되는 사람들이 존재한다. 그 사람은 나의 위치에서 멀리 떨어지도록 표현한다(그 사람이 누구인지 이름은 쓰지 않아도 된다).

6단계 ▶ 자기 자신 들여다보기

해당하는 곳에 ○표 하시오.

1. 나의 몸은 많이 쑤시고 아프다.(　)
2. 나는 나의 모습에 대해 만족하고 있다.(　)
3. 나의 몸 어떤 부분은 지금보다 나아졌으면 좋겠다.(　)
4. 나의 몸은 건강하다.(　)
5. 나는 운동이나 게임을 잘 못하는 편이다.(　)
6. 나의 몸에는 다른 사람이 좋아할 만한 점이 별로 없다.(　)
7. 나는 잘못을 알면서 그것을 잘 고치지 못한다.(　)
8. 나는 대개 올바른 일을 한다고 생각한다.(　)
9. 나는 무슨 일을 할 때마다 남의 눈치를 살피는 것 같다.(　)
10. 나는 나쁜 짓을 하지 않는다.(　)
11. 나는 남에게 손가락질 받을 만한 일은 하지 않는다.(　)
12. 나는 얌전하고 예절바른 사람이다.(　)
13. 나는 마음이 잘 변하는 사람이다.(　)
14. 나는 친절한 사람이라고 할 수 있다.(　)
15. 나는 지금의 내가 만족스럽다.(　)
16. 나는 나 자신이 밉다.(　)
17. 나는 내가 정말 되고 싶은 사람이 못 된다.(　)
18. 나는 남의 미움을 받을 만하다.(　)
19. 나는 어떤 일을 당하면 나도 모르게 포기해 버린다.(　)
20. 나는 어떤 일이 벌어져도 나 스스로 처리할 수 있다.(　)
21. 나는 행복한 가정에서 살고 있다.(　)
22. 나는 나의 친구들에게나 우리 집에서 중요한 사람이다.(　)
23. 나는 부모님에 대해서 내가 해야 할 도리를 다하고 있다.(　)
24. 나는 하고 싶은 이야기들을 식구들과 터놓고 이야기할 수 없다.(　)
25. 나는 다른 사람들과도 잘 어울린다.(　)
26. 나는 다른 친구들의 생각이나 행동을 이해하려고 노력한다.(　)
27. 나는 남자(여자)들에게 인기가 있다.(　)
28. 나는 처음 보는 사람들과 이야기하는 것이 힘들다.(　)
29. 나는 내게 잘못한 사람을 쉽게 용서하지 않는다.(　)
30. 나는 내가 아는 사람이라고 해서 다 좋아하지 않는다.(　)
31. 나는 화를 내서는 안 되겠다고 생각하면서도 가끔 화를 내곤 한다.(　)
32. 나는 가끔 욕을 퍼붓고 싶을 때가 있다.(　)
33. 나는 때때로 기분이 나쁘고 짜증도 난다.(　)
34. 나는 이따금 말하기 어려울 정도로 좋지 않은 생각을 할 때가 있다.(　)
35. 나는 다른 아이들보다 공부를 못하는 것 같다.(　)
36. 나는 다른 것은 몰라도 공부에는 자신이 있다.(　)
37. 나는 상급학교에 가서도 공부를 잘할 수 있을 것 같다.(　)
38. 나는 아무리 열심히 한다 해도 좋은 성적을 받을 수 없을 것 같다.(　)
39. 나는 다른 아이들처럼 열심히 공부하면 성적이 오를 것 같다.(　)

7단계 ▶ 흥미분야별 직업분류

구 분	즐겨 하는 행동	관련 직업
다른 사람 돌보기	어린아이 돌보기( ), 노인 방문하기( ), 방문객 안내( ), 무엇을 가르치기( ), 봉사하거나 자원 활동하기( ), 치료 서비스하기( ), 간호( ), 기타	교직, 특수교사, 성직자, 경찰, 물리치료사, 간호사, 소방대원, 보육사
다른 사람 설득하기	자선단체 조직( ), 토론 · 논쟁( ), 청소년단체 참여( ), 신문 · 잡지 등의 논쟁 참여( ), 게임의 고안( ), 기타	정치가, 카운슬러, 종교지도자, 세일즈맨, 판매원, 레크리에이션지도자
언어와 아이디어 사용하기	문학서적 읽기( ), 철학서적 읽기( ), 역사서적 읽기( ), 단어 어원 찾기( ), 외국어 사용( ), 출판물 편집( ), 기사 작성( ), 기타	아나운서, 기자, 평론가, 편집원, 외교관, 통역관, 역사학자, 속기사
과학 학습하기	화학공부( ), 물리공부( ), 생물공부( ), 천체와 별 관찰( ), 새 · 꽃 등 자연관찰( ), 기타	세균학자, 의사, 연구원, 약사, 기상학자, 토양학자
계산하기	용동 사용계획 작성( ), 가계부 정리( ), 돈관리( ), 티켓 판매( ), 장부 정리( ), 신문의 경제면 읽기( ), 기타	회계사, 계리사, 은행원, 경리원, 정보처리원, 사무원
연장을 가지고 일하기	시계 · 자전거 등의 수리( ), 전기기구의 설치 · 수리( ), 가구 제작( ), 조립하기( ), 장난감 고치기( ), 목재 공장( ), 기타	기계기능공, 수리공, 생산관련직, 가구제작자, 목공
재료를 가지고 일하기	가구 칠하기 · 닦기( ), 식물재배( ), 옷수선 · 재단( ), 정원 가꾸기( ), 재봉( ), 조리( ), 주변 장식( ), 기타	정원사, 조리사, 원예가, 재단사, 인테리어 디자이너
예술적인 활동하기	음악 연주( ), 시 쓰기( ), 춤추기( ), 운동하기( ), 도자기 만들기( ), 그림 그리기( ), 사진 찍기( ), 기타	시인, 화가, 무용가, 배우, 연극인, 디자이너, 모델, 공예가
실외에서 활동하기	야구( ), 수영( ), 등산( ), 자전거 타기( ), 축구( ), 단체게임( ), 에어로빅( ), 기타	스포츠 관련 직업, 운동선수, 심판, 코치

8단계 ▶ 내가 꼽은 동아리

내가 들어가고 싶은 동아리 세 군데를 골라보세요.	
학술분과	IT분야, 영어스터디, 컴퓨터 관련, 스킨스쿠버, 한글 연구, 천문학, 일본문화연구회, 비판 토론, 한국경제연구동호회, 민족사연구회, 전통문화연구회, 여성학 등
공연분과	댄스동아리, 통기타동아리, 전통예술연구회, 팬플룻 동호회, 극예술연구회, 밴드, 풍물·사물놀이 등
문화전시분과	회화, 사진, 문학, 서예, 영화, 차, 미술, 시, 소설, 광고, 음악 등
취미교양분과	바둑, 여행, 스케이트보드, 요트제작, 음악 등
봉사분과	수화, 장애우 봉사, 재활원 봉사, 어린이집 봉사, 적십자회, 농촌봉사활동, 고아원·양로원 봉사 등
체육분과	수영, 헬스, 해양스포츠, 축구, 농구, 등산, 야구, 테니스, 탁구, 패러글라이딩, 역도, 미식축구, 볼링 등
무예무도분과	태권도, 유도, 검도, 택견, 우슈, 쿵푸 등
종교분과	불교, 천주교, 기독교 등
기타	

9단계 ▶ 나에게 주는 상장

※ 자기 자신에게 상장을 주어야 합니다. 상장 제목과 내용을 자유롭게 적어보세요.

(예)
• 제목: 밥투정 안 해 상
• 내용: 위 학생은 밥투정을 안 하고 뭐든지 다 잘 먹기 때문에 이 상을 수여함.

• 제목: 다이어트 안 해 상
• 내용: 다른 이들은 전부 건강에 안 좋은 다이어트를 하지만 위 학생은 건강을 위해 다이어트를 한 번도 한 적이 없음에 이상을 수여함.

• 제목: 응원상
• 내용: 위 학생은 다른 나라와 우리나라가 경기를 할 때 열심히 응원을 해서 이상을 수여함

상

이름 :

위 학생은 _____

_____

_____

_____

꿈을 찾는 학교

10단계 ▶ 자화상 그리기

거울을 보고 내 얼굴을 그대로 그려본 뒤 각 부분의 생김새를 재미있게 표현해 보세요.

장관상 타기 전국청소년토론축제 연습

11단계 ▶ 묘비 만들기

내가 죽어서 무덤에 묻힌다면 나의 묘비명을 어떻게 쓰면 좋을지 생각해 보세요.

12단계 ▶ 잊을 수 없는 10가지 사건

13단계 ▶ 나는 어떤 사람인가요?

구 분	내 용
나의 좋은 점 3가지	예) 나는 집중력이 있다.
나의 고칠 점 3가지	예) 나는 개인주의적이다.
나의 흥미 3가지	예) 자동차 조립하기
나의 활동 자랑하기	예) 글짓기 대회 금상 수상
가장 뿌듯했던 추억	예) 아빠와 하이킹
나만의 생활방식	예) 10시 이후에 먹지 않는다.

14단계 ▶ 나의 인생 목표

구 분	구체적 실천 내용
내가 달성하고 싶은 꿈은?	예) K대학 철학과 교수.
꿈을 이루기 위해 해야 할 준비	예) A고등학교 인문계 진학.
내가 선택하고 싶은 배우자	예) 취미와 생활방식이 비슷한 배우자.
내 가정 속에서 하고 싶은 일	예) 주말에 아이들과 함께 지내는 것.
내가 원하는 사회적 지위나 역할	예) 대한민국에서 연구 성과가 가장 많은 리더.
예고된 죽음 앞에서 하고 싶은 일	예) 친구들과의 여행

15단계 ▶ 나의 인간관계는?

1. 지금 나에게 꼭 필요한 사람 세 명과 그 이유를 써보자.	
누구:	이유:
누구:	이유:
누구:	이유:

2. 나에게 괴로운 일이 생겼을 때 이야기하고 싶은 사람은?	
누구:	이유:

3. 진실한 친구를 사귀기 위한 자신의 생각을 써보자.
내가 잘하고 있는 점
내가 고쳐야 할 점

4. 가장 좋은 관계를 맺고 있는 사람과 그 이유를 써보자.	
누구:	이유:

16단계 ▶ 나의 인간관계와 일

1. 주변 사람이나 친구들로부터 도움을 받은 일 중 가장 기억에 남는 것을 써보자.
누구로부터:
언제:
어떻게:

2. 다른 사람들이 나를 도와준 이유는?

3. 주변 사람이나 친구에게 도움을 준 일 중 가장 기억에 남는 것을 써보자.
누구로부터:
언제:
어떻게:

4. 내가 다른 사람을 도와준 이유는?

5. 도움을 받거나 줄 때 어려웠던 점은?

6. 내가 다니고 있는 학교에서 친구들과 맺어야 할 인간관계에 대한 자신의 생각을 써보자.

17단계 ▶ 대상에 빗대어 나를 표현하기

1. 자신을 표현하는 동물 3가지를 고르고 그 이유를 말해 보자.	

2. 자신을 표현하는 식물 3가지를 고르고 그 이유를 말해 보자.	

3. 자신을 표현하는 사물 3가지를 고르고 그 이유를 말해 보자.	

4. 위의 동물, 식물, 사물 중에서 특히 나를 가장 잘 표현할 수 있는 것을 고르고 그 이유를 말해 보자.	

예) 공작새와 앵무새와 고양이입니다. 전 공작새와 같이 꾸미는 것과 화려한 옷 입기를 좋아하기 때문입니다. 또 앵무새처럼 조잘조잘 친구들과 대화하는 걸 좋아하고, 말하고 싶은 게 있으면 때로는 못 참고 친구 비밀도 털어놓습니다. 고양이는, 전 잘 모르겠는데, 어른들이 저를 보고 고양이처럼 귀엽다고 말해서입니다.

18단계 ▶ 나에게 꼭 필요한 물건 세 가지

물 건	이 유
	현재 자신에게 꼭 필요한 물건을 세 가지만 쓰고 그 이유를 적어 보세요.
예) 닌텐도 게임기	예) 친구들은 다 가지고 있지만 나만 없다.
예) 자전거	예) 하루 종일 학원을 다니는데, 잠깐씩 게임으로 피로를 풀고(?) 싶다. 학교가 걸어 다니기엔 너무 멀어 가지고 싶다. 운동도 되고, 친구들과 함께 타고 싶다.
예) 동생	예) 물건은 아니지만 동생이 있었으면 한다. 다른 친구들을 보면 다들 동생이나 형이 있다. 집에 있을 땐 항상 심심하다.

19단계 ▶ 화가 나는 이유

왜 화가 나는지 곰곰이 생각해 보세요.
부모님이 자신에게 어떤 말이나 행동을 했을 때 가장 화가 나는가? 그 이유를 적어 보세요.
학교 선생님이 자신에게 어떤 말이나 행동을 했을 때 가장 화가 나는가? 그 이유를 적어 보세요.
친구들이 자신에게 어떤 말이나 행동을 했을 때 가장 화가 나는가? 그 이유를 적어 보세요.

20단계 ▶ 내가 행복할 때

우리는 어떨 때 행복한지 곰곰이 생각해 보세요.
부모님이 자신에게 어떤 말이나 행동을 했을 때 기분이 좋은가요?
학교 선생님이 자신에게 어떤 말이나 행동을 했을 때 기쁜가요?
친구들이 자신에게 어떤 말이나 행동을 했을 때 즐거운가요?

21단계 ▶ 나의 사람 관계

내가 제일 좋아하는 사람은 누구인가요? 왜 그 사람이 좋은가요?

내가 제일 싫어하는 사람은 누구인가요? 왜 그 사람이 싫은가요?

22단계 ▶ 나의 음식 관계

내가 제일 좋아하는 음식과 싫어하는 음식을 떠올려보고 그림으로도 표현해 보세요.

내가 제일 좋아하는 음식은 무엇인가요? 왜 그 음식이 좋은가요?

내가 제일 싫어하는 음식은 무엇인가요? 왜 그 음식이 싫은가요?

23단계 ▶ 나의 공부 관계

내가 제일 좋아하는 과목과 싫어하는 과목을 떠올려보고 그림으로도 표현해 보세요.

내가 제일 좋아하는 과목은 무엇인가요? 왜 그 과목이 좋은가요?

예) 국어 : 국어는 쉽고, 또 국어 선생님이 친절하고 쉽게 가르쳐 주셔서 전 국어 과목을 제일 좋아합니다.

내가 제일 싫어하는 과목은 무엇인가요? 왜 그 과목이 싫은가요?

예) 수학 : 전에는 좋아하는 과목이었는데, 선생님이 바뀌고 난 뒤 혼나는 일이 많아져 수학에 대한 무서움이 먼저 들어요.

24단계 ▶ 나와 닮은 캐릭터 찾아 이야기 만들기

동화나 만화 속에 등장하는 캐릭터 중 나와 닮았다고 생각하는 주인공이 있나요?	
캐릭터 이름	나와의 공통점

내가 찾은 캐릭터를 떠올려보고 마인드맵을 그린 뒤 그 캐릭터를 등장시켜 이야기를 만들어 보세요.	
마인드 맵	줄거리

25단계 ▶ 연표 만들기

내가 태어난 날부터 지금까지의 일들을 연표로 표현해 보세요.

예)

연도	내 인생의 특별한 일
1994	응애응애. 엄마 아빠를 처음 만난 날.
1995	첫 번째 내 생일잔치. 엄마 아빠는 내가 돈을 잡기를 간절히 원했지만 난 공을 잡고 놓지 않았어요. ㅋㅋㅋ
1999	유치원에 처음 간 날. 어떤 애가 내 볼을 꼬집어서 양볼이 빨갛게 부어서 집에 왔어요. 엄마는 다음날 유치원에 와서 내 볼을 꼬집은 애를 찾아내서 혼냈어요.
2001	유치원을 졸업하고 드
2003	디어 초등학교 입학! 부회장과 한 표 차이
2004	로 학급회장에 당선! 드디어 내가 원하는 야구를 시작! 엄마는 힘들다고 걱정하지만
2006	난 야구가 제일 좋아요. 전국초등학교 야구대회에서 아쉽게 2등을
2007	했지만 난 최선을 다했습니다. 중학교 입학&처음으로 여자친구한테 발렌
2010	타인 초콜릿을 선물받은 뜻 깊은 해. 고등학교 교복이 마음
2012	에 안 들어요. 너무 촌스러워요. 공부만 하는 고3, 난 운동도 하기 때문에 더 힘들어요. 헤헤.

연도	내 인생의 특별한 일
2013	대한대학교 야구부 입학! 이승엽 형님 같은 선수가 될 거야
2017	~~ 꿈에 그리던 프로야구 선수가 되다!! 하
2017	지만 이제 시작입니다. 신인선수상 수상!! 상을 받는데 나도 모르
2020	게 눈물이 흐르는 걸 꾹 참았어요. 드디어 딴딴따다~
2022	딴딴따다~ 예쁜 여자친구와 결혼식! 날 꼭 닮은 아들 세돌
2024	이 탄생! 나처럼 야구도 잘할까?
2026	천사처럼 예쁜 세돌이 여동생 세순이 탄생. 메이저리그 진출! 드
2034	디어 해냈어요!! 오랜 메이저리그 생
2036	활을 끝내고 한국으로 돌아와 모교의 야구감독으로 부임!
2042	세돌이 고교 야구 최우수 선수로 선발되
2045	다! 역시 내 아들이야. 우리 가족들과 함께하는 유럽 배낭여행! 은희&동네 야구단 감독으로 봉사활동 시작.

부록

26단계 ▶ 묘비명과 나의 삶 견주기

무덤 앞에 놓인 묘비에 무엇이라고 적었나요? 나는 지금 그렇게 살고 있나요?	
충실한 점	그렇지 못한 점

28단계 ▶ 존경하는 위인 찾기

내가 제일 존경하는 위인은 누구인가요? 그 이유는 무엇이며 어떤 점을 본받고 싶은가요?

29단계 ▶ 따라하고 싶은 연예인 찾기

내가 제일 좋아하는 연예인은 누구인가요?
그 이유는 무엇이며 어떤 점이 가장 마음에 드나요?

31단계 ▶ 10년 뒤 나의 일기

날 짜	요 일	날 씨	기 분

32단계 ▶ 신화 만들기 Ⅰ

나를 주인공으로 내세워 신화(신들의 이야기)를 만들어 보세요.

마인드맵으로 구상하기	다른 주인공
	사건

34단계 ▶ 위인전 쓰기

내가 만약 위인이 된다면 나는 어떤 위대한 일을 한 걸까요?

35단계 ▶ 전기문 쓰기

지금까지 살아온 나의 이야기(전기문)를 써보세요.

③
자기주장하기 1 대 1 토론부문

　자기주장하기는 두 명이 심사위원 앞에서 심사위원이 제시한 논제에 대해 찬반으로 나뉘어 토론하는 방식입니다. 이 토론은 전국청소년토론축제에서 '자기주장하기'라는 이름으로 진행됩니다.

　'자기주장하기'는 십대들로 하여금 토론하는 방법을 자연스럽게 익힘으로써, 토론이 멀리 떨어져 있는 것이 아니라 생활 속에 있는 것임을 깨닫게 해줍니다. 동시에 짧은 시간을 배정함으로써 보다 많은 학생들이 토론의 기회를 가지게 되는 장점이 있죠.

　이 토론은 주어진 시간과 학생 수에 따라 탄력성 있게 운영하는데, 대개는 1 대 1 찬반 형태로 하여 6~7분 동안에 걸쳐 심사위원 앞에서 상대와 토론을 합니다. 전국청소년토론축제에서 '자기주장하기'의 구체적인 진행방법은 다음과 같습니다.

1. 심사위원 자리배치 확인 : 본인 자리 확인

2. 채점자 확인 : 참가번호, 학생 이름 확인

3. 채점 시작

① 두 참가자(1 : 1 토론)가 서로 찬반(입장)을 결정한다. 찬반(입장)이 결정되지 않을 경우 가위 바위 보 등 임의적인 방법으로 결정한다.

② 심사위원과 참가자의 이름을 채점표에 기입한다.

③ 토론시간은 최대 6~7분 이내로 한다.

④ 채점은 참가자들의 찬반(입장) 토론이 끝나고 자리에서 퇴장할 때 보이지 않게 한다.

4. 토론 주제 선택

① 제시된 논제 중에서 한 가지 쟁점 주제를 고른다.

② 시간이 남거나 학생들의 수준이 판가름되지 않으면 다른 논제를 골라 질문하고 측정해도 된다.

5. 측정

① 두 참가자에게 시간을 고르게 배정하고 논점 일탈 행위, 입장 편승 행위, 일관성 포기 행위 등을 판단한다.

② 주제가 결정되면 어느 한 쪽 참가자가 잘 모를 수 있으므로 기본적으로 쟁점 사안이 무엇인지 알려주고 시작한다.

③ 어느 한 쪽 참가자가 너무 기울면 자연스럽게 논리를 정리해주고 내용을 덧붙여주어 논의를 풍부하게 이끈다.

④ 채점은 정확히, 참가자에게 점수를 높게 주어야 한다.

⑤ 채점지의 점수 부분에 스카치테이프를 붙인다.(수정불가)

6. 자기주장하기 채점항목

① 논점 일탈 행위 질문의 요지를 정확히 파악하고 주제에 맞는 내용을 유지하는가?

② 입장 편승 행위 자신의 생각을 분명히 하지 않으면서 상대의 주장에 편승해 시간을 보내려 하지는 않는가?

③ 일관성 포기 행위 정해진 입장(찬성 또는 반대)에서 최선을 다해 이기려는 노력을 쉽게 포기하지는 않는가?

④ 태도 및 자세 불안하거나 어수선한 행위가 동반되지는 않는가?

7. 시간 안배 : 다음 조가 밀리거나 기다리지 않도록 시간을 지키는가?

8. 채점 후 심사위원 행위

① "수고하셨습니다." 하고 참가자들에게 인사한다.

② 밀봉 처리한 후 봉투 겉면에 심사위원 이름을 서명한다.

③ 본부석에 제출한다.

구술면접부문

구술면접은 심사위원과 전국청소년토론축제 참가자가 직접 마주하는 방식입니다. 심사위원의 질문에 참가자는 오직 자기주도적인 답변만으로 이 과정을 해결해야 하죠.

'구술면접'은 심사위원의 당혹스러운 질문에 누구도 생각하지 못한 창의적인 답변을 요구하는 고도의 토론형태입니다. 여기서 '당혹스러운 질문'이란 '다양하게 답변할 수 있는 열린 질문'을 뜻하고, '창의적인 답변'이란 '그동안의 교육을 통해 얻은 누구나 인정할 만한 타당한 표현'을 의미합니다. '창의적 답변'이라 해서 아무렇게나 또는 엉뚱한 답변을 뜻하는 것이 아니라는 말이죠.

구술면접 시 반드시 지켜야 할 10가지

자신감을 보여라

말을 할 때에는 표현을 똑바르게, 우물쭈물하지 말고 자신감 있게 해야 합니다. 발음을 정확하게 하고 적절한 용어를 선택하는 데

신경을 써야 하죠. 말이 너무 빨라서도 안 되며 모호한 발언은 삼가야 합니다. 또한 미리 준비해 온 것을 암기한다는 인상을 주어서도 안 되죠.

자신 있게 답변하라는 말은 질문이 끝나기 무섭게 바로 답변하라는 의미가 아닙니다. 그럴 경우 심사위원에게 '가볍다.'는 느낌을 줄 수 있습니다. 하지만 너무 뜸을 들이는 것도 금물입니다. 감각이 느리고 이해력이 부족하다고 생각할 수 있으니까요.

올바른 말을 사용하라

면접 시 표준어 사용과 경어의 올바른 사용은 기본입니다. 또래들 사이에 주로 사용하는 속어, 은어, 축약어, 유행어 사용을 삼가야 합니다. 화려한 수사어구를 남발하거나 '~적', '~성(性)' 등 번역투 용어 사용, 군더더기가 들어간 불필요한 표현, '~것 같아요' 같은 표현은 절대 금물입니다.

성실하고 진지한 태도로 임하라

입학을 위한 면접은 '이 학생이 우리 학교에 와서 공부했을 때 미래의 지도자가 될 수 있는가?'라는 미래 발전 가능성을 측정하는 시험입니다. 학생이 거들먹거리거나 어딘지 불안해 보이고, 손을 비비며 다리를 떨거나 질문에 초점 없는 눈으로 답하고 있다면 어느 면접관이 뽑겠습니까! 공부의 기본은 성실함과 진지함입니다.

그 덕목을 잘 보여준다면 누구든 좋은 점수를 얻을 수 있습니다. 면접관은 학생의 허황되고 과장된 달변을 원하지 않습니다. 어눌하더라도 성의껏 답변하는 자세로 일관할 때 높은 점수를 얻을 수 있습니다.

밝은 표정으로 말하라

면접관이 인터뷰하는 시간은 겨울과 같습니다. 긴장된 분위기, 굳어진 표정들. 면접관들은 그것을 즐깁니다. 이런 상황에서 긴장과 경직은 본인에게 악영향만을 끼칠 뿐입니다. 다른 사람도 다 치르고 있는 환경, 피할 수 없고 선택했다면 즐겨야 합니다. 밝은 표정은 보는 사람도 친근감을 갖게 하니까요. 진지한 태도와 바른 예의, 밝은 표정은 구술면접의 알파이자 오메가입니다.

솔직하게 드러내라

긴장으로 인해 질문의 내용을 제대로 파악하지 못했거나 못 들었을 때에는 "죄송합니다."라고 말하고 다시 질문해야 합니다. 대답할 말이 생각나지 않으면 "죄송합니다. 잠시 생각할 시간을 주십시오."라고 말하고 잠시 생각한 후 대답합니다. 전혀 모르는 질문이 나왔을 때 억지로 꾸미거나 엉뚱한 답변을 하는 것보다는 모른다고 솔직히 대답하는 것이 좋습니다. 말을 실수했을 때에는 억지로 덮으려 하지 말고 실수를 인정한 후 다음으로 넘어가야 합니다.

긍정적인 입장에 서라

긍정적으로 사고하는 모습을 보여주면 사람들은 보통 그 사람을 신뢰하게 됩니다. 믿음을 주기 때문이죠. 긍정적이라는 단어에는 따뜻함과 포용의 마음이 담겨 있습니다. 시사적인 문제가 나왔을 때에는 더욱 그렇습니다. 따뜻하고 건강한 사고가 담겨 있는 판단이 높은 점수를 얻을 수 있습니다. 모든 문제를 긍정적인 면으로 발전시켜 나가리라는 판단이 든다면 어느 면접관이 안 뽑겠습니까!

신념을 보여라

지원학과나 전공에 대한 질문이 나왔을 때는 신념을 보이는 것이 좋습니다. 면접관이 '이 친구는 점수에 맞춰서 지원했구나.'라고 판단하게 된다면 결론은 불 보듯 뻔합니다. 생각지도 않았던 전공을 어쩔 수 없이 선택한 듯한 모습은 면접관에게 실망을 줄 뿐입니다. 하고 싶은 분야가 아니었다면 나름대로 의미를 부여하고, 전공하고자 하는 분야에 지원했다면 선택의 이유를 전방위적이고도 입체적으로 보여주면서 본인의 적성과 취미, 흥미를 중점적으로 나타내야 합니다.

논리적이라는 인상을 심어주어라

면접의 채점기준은 아주 다양합니다. 설득에 사용되는 제스처, 순간적으로 주어지는 논제에 대한 문제해결능력, 표정과 태도까지 폭이 매우 넓죠. 앞에서도 이야기했지만 면접관들은 여러분들이 당혹스러워하고 힘들어하는 것을 즐긴다고 생각하면 됩니다. 때문에 갑작스러운 질문이나, 평소에 생각해 보지 않았을 것 같은 내용을 물어보면서 당황시키는 경우가 허다합니다. 이처럼 갑작스러운 질문이나 답변하기 어려운 질문에 당황해 불쾌한 표정이나 불안한 제스처를 취하면 감점을 당합니다. 어렵더라도 의연한 자세, 진지한 태도, 차분한 말솜씨로 논리적이라는 인상을 심어주어야 면접관들에게 좋은 인상을 남길 수 있습니다.

다른 면접자를 배려하라

면접의 방법은 여러 가지입니다. 앞에서 서술한 대로 지원자와 면접관이 1 대 1로 마주하는 면접방식인 단독면접, 여러 면접관이 학생 한 명을 대상으로 하는 면접방식인 개인면접, 여러 명의 학생과 1인 또는 다수의 면접관들이 배석하여 질의, 응답하는 집단면접, 여러 명의 학생을 조별로 편성하여 토론의 논제를 제공하고 토론해 나가는 것을 채점하는 집단토론이 있습니다.

집단토론이나 집단면접의 경우 본인의 면접이 끝났다고 해서 불성실한 태도를 보이면 안 됩니다. 토론이 진행되는 동안 항상 메모하고, 진지하게 경청하며, 다른 견해를 가진 학생에 대해 감정을 표출시키지 말고, 상대의 의견을 존중하면서 논리적으로 주장을 펼쳐 나가야 합격점수를 받을 수 있습니다.

끝까지 예의를 지켜라

우리 속담에 "화장실 갈 때와 나올 때가 다르다."는 말이 있습니다. 시작할 때는 좋은 점수를 받으려고 밝은 표정으로 열심히 진지하게 임하다가, 면접이 끝났다고 볼 일 다 봤다는 듯이 서둘러 나온다면 아마 본인도 만족스러운 기분이 들지 않을 것입니다. 시험을 잘못 보았더라도 나올 때 "감사합니다."라는 말 한마디로 예의를 지키고 인상을 좋게 남긴다면 마지막 희망의 여지는 남아 있을 수 있습니다.

⠿ 구술면접 시 첫마디 시작법 9가지

자신의 경험으로 첫마디를 시작하라!

자신의 개인적인 경험을 처음에 내세우면 면접관의 호기심을 자아낼 뿐만 아니라 때로는 신선한 충격으로 다가갈 수도 있습니다. 면접관이 간접체험을 하게 될 수도 있고요. 또한 말하는 입장에서는 자연스럽게 문제제기를 할 수도 있습니다.

Q 청바지 문화 속에서 생활한복이 갖는 의미는 무엇인가요?

A 저도 개인적으로 청바지를 입고 다니는데, 그런 모습을 보면 문득 '나도 생활한복을 입어보면 어떨까' 하고 생각해 보곤 합니다.

주장으로 첫마디를 시작하라!

주장하는 말을 맨 앞에 내세우면 시험관으로 하여금 처음부터 명백한 생각을 갖도록 하는 효과가 있습니다. 즉, 논점을 강조하는 느낌을 주게 되죠.

Q 모 연예인이 밝힌 동성애에 대해 어떻게 생각합니까?

A 사회가 동성애를 허용해야 한다고 생각합니다. 왜냐하면, 자신의 삶의 모습을 선택하는 자유는 개인에게 주어져 있다고 생각하기 때문입니다.

정의를 내리면서 첫마디를 시작하라!

정의란 어떤 단어의 개념을 가장 짧은 문장으로 명확하게 표현하는 방법입니다. 용어의 정의를 맨 앞에 내세우면 면접관으로 하여금 논제의 핵심을 명확히 잡았다는 느낌과 논리적이라는 인상을 줄 수 있습니다.

Q 유언비어가 가지는 사회적 의의에 대해 이야기해 주십시오.

A 유언비어(流言蜚語)의 유언은 '근거 없이 떠도는 말'이란 뜻이고, 비어는 '남을 헐뜯기 위해 퍼뜨리는 말'입니다. 즉, 근거가 불확실하면서 그 전달의 범위가 광범위하게 떠도는 말을 의미합니다.

통계적 사실을 제시하며 첫마디를 시작하라!

통계적 사실을 맨 앞에 내세웠을 때는 면접관으로 하여금 사실적이고 객관적이라는 이미지와 시사에 밝다는 느낌을 줍니다.

Q 이혼이 증가하는 것에 대해 어떻게 생각하나요?

A 한 해 결혼 3쌍 중 1쌍의 비율이 이혼하고 있으며, 66%의 여성이 이혼을 부정적으로 생각하지 않는다는 통계 자료를 본 적이 있습니다.

속담이나 격언을 인용해 첫마디를 시작하라!

속담이나 격언을 말 맨 앞에 인용하면 면접관의 주위를 환기시킬 뿐만 아니라 말의 권위를 인정받을 수 있으며, 다양한 지식의 소유자임을 드러낼 수 있습니다. 특히 격언은 그것이 가지는 신선함과 익숙함 때문에 사용의 적절성에 따라 좋은 이미지를 심어줍니다. 하지만 주장 또는 논제와 거리가 먼 인용은 전혀 도움이 되지 않음을 알아야 합니다.

Q 여성의 사회적 진출과 현모양처를 바라는 대립된 가치관을 가지고 있는 남성의 심리에 대한 견해는?

A 암탉이 울면 집안이 망한다는 속담이 있습니다. 여성을 비하하는 이러한 속담은 남성 중심의 사회를 보여주는 전형적인 사례

입니다.

Q 물건을 사는 데도 안목이 있는 사람과 없는 사람의 차이는 크다. 지도자는 안목이 있어야 한다고 생각하는데 학생의 견해는?
A '이왕이면 다홍치마'라고~ (선택에 대한 잘못된 인용)

고사성어를 인용해 첫마디를 시작하라!

고사성어를 인용해 첫마디를 시작하면 면접관에게 지식이 많은 학생이라는 인식과, 고급스러운 어휘를 사용한다는 인상을 줄 수 있습니다. 말의 권위를 인정받을 수 있게 되는 것이죠.

Q 공교육 위기론에 대해 이야기하시오.
A 한마디로 '백척간두, 누란지세'의 위기에 처해 있다고 할 수 있습니다.

예시로 첫마디를 시작하라!

예시를 말의 앞쪽에 내세우면 면접관에게 순발력을 인정받고 문제해결능력이 높다는 인상을 심어줄 수 있습니다.

Q 일본이 군국주의로 돌아가고 있다는 주장에 대해 본인의 생각을 이야기하시오.

A 일본은 고이즈미 정권이 들어서면서 그동안 전세계의 이목을 집중시키는 많은 사건들을 일으켰습니다. 그 일련의 사건들을 나열해 보면 의회에서 기미가요를 부르고, 전범자 무덤인 야스쿠니 신사를 참배하는 등……

비교나 대조로 첫마디를 시작하라!

비교나 대조를 맨 앞에 내세우면 시험관에게 강렬한 인상을 심어 줄 수 있습니다. 또한 태도나 성질 또는 내용이 예리하게 대조를 이루는 두 가지 사실이나 관념을 병치함으로써 내용 전개가 용이해집니다.

Q 여성에게 특혜를 주는 것에 대해 어떻게 생각합니까?

A 생리적 차이로 인한 특혜는 정당하다는 주장과, 남성에 대한 역차별이라는 주장도 있습니다. 이 두 가지 주장 모두 나름대로의 타당성을 가지고 있지만, 저는 여성보호 자체가 또 하나의 여성 차별이라고 생각합니다.

약어의 정리로 첫마디를 시작하라!

약어를 말의 맨 앞에 내세웠을 때는 면접관에게 쉽게 설명한다는 느낌을 줄 수 있고, 다양하고 폭넓은 지식의 소유자임을 어필할 수 있습니다.

Q 님비현상을 옹호하는 견해를 말하시오.

A 님비는 Not in my Back Yard의 약어로 혐오시설이 집 주변에 생기는 것을 반대한다는 뜻이 담겨 있습니다. 사회 공동체 생활에서 집단이기적인 모습을 보인다면 비난받을 수밖에 없습니다.

구술면접 채점표

채점 기준 : 2점(매우 미흡), 4점(미흡), 6점(보통), 8점(우수), 10점(매우 우수)

※ 채점방법 : 채점 기준에 맞춰 해당되는 점수 기재 후 총점 기록
※ 채점은 객관성을 가질 수 있게 성심성의껏 기재

면접관 이름

영역	평 가 기 준		번호				
			이름				
자기생각알리기	제스처	눈의 시선					
		자세 · 제스처					
		얼굴표정					
	전달	내용구성					
		내용전개					
		어법 및 발음					
구술면접	내용구성	질문요지 파악					
		해결방안 제시					
총 점			점	점	점	점	점

한국식 확장형 토론 및 키워드 독서토론법 연구위원

한지은
사) 한국청소년문화진흥협회 이사
전국청소년토론축제 총심사위원장
서울교대 · 동국대 평생교육원 키즈펀토론활동지도사 자격증 과정 교수

이중희
사) 한국청소년문화진흥협회 부총재
울산청년미래연대 회장
울산광역시 교육감상 타기 한국식 확장형 토론대회 추진위원장

노희경
전국청소년토론축제 운영위원장
키즈펀토론활동지도사 2급 자격 수료
서울교대 · 동국대 평생교육원 키즈펀토론활동지도사 자격증 과정 교수

유선희
사) 한국청소년문화진흥협회 군산지회장
전국청소년토론축제 운영부위원장
토론토의학습지도사 2급 자격 수료

장수자
사) 한국청소년문화진흥협회 청주지회 부회장
전국청소년토론축제 운영위원
키즈펀토론활동지도사 2급 자격 수료

최영수
경기북부교육시민포럼 공동대표
동국대 평생교육원 키즈펀토론활동지도사 자격증 과정 교수

노혜선
찾아가는 책풍뎅이 봉사단 청주지회 단장
전국청소년토론축제 심사위원
키즈펀토론활동지도사 2급 자격 수료

정은희
찾아가는 책풍뎅이 봉사단 평택지회 단장
평택 · 천안 지역 한국식 확장형 토론대회 추진위원장
서울교대 · 동국대 평생교육원 키즈펀토론활동지도사 자격증 과정 교수

유설희
찾아가는 책풍뎅이 봉사단 수원지회 단장
수원 · 화성 지역 한국식 확장형 토론대회 추진위원장
키즈펀토론활동지도사 자격증 과정 수원 · 화성 지역 대표교수

이수진
찾아가는 책풍뎅이 봉사단 부여지회 단장
공주대학교 평생교육원 키즈펀토론활동지도사 자격증 과정 책임교수
부여 · 공주 지역 한국식 확장형 토론대회 추진위원장

나기순
당진 · 아산 지역 한국식 확장형 토론대회 추진위원장
키즈펀토론활동지도사 당진 · 아산 지역 대표교수

오형근
안양 · 군포 찾아가는 책풍뎅이 봉사단 부총재
안양 · 군포 한국식 확장형 토론대회 추진위원장

이우성
전주 찾아가는 책풍뎅이 봉사단 부총재
전주 한국식 확장형 토론대회 추진위원장

서호철
익산 · 김제 · 정읍 · 부안 찾아가는 책풍뎅이 봉사단 부총재
익산 · 김제 · 정읍 · 부안 한국식 확장형 토론대회 추진위원장

송문중
대전 한국식 확장형 토론대회 추진위원장
토론 체험 자유학기제 운영위원

김재영
전남 동부 한국식 확장형 토론대회 추진위원장
토론 체험 자유학기제 운영위원

김광윤
사) 한국청소년문화진흥협회 이사
장관상 타기 환경정화봉사 전국청소년실천대회 심사위원

김영실
포천 찾아가는 책풍뎅이 봉사단 총단장
장관상 타기 환경정화봉사 전국청소년실천대회 운영위원

주미애
부산 한국식 확장형 토론 실무위원
전국청소년토론축제 운영위원

강석형
의정부 찾아가는 책풍뎅이 봉사단 총단장
전국청소년토론축제 구술면접 심사위원

이재권
《특허받은 30동사구》 저자(특허 제101155441호)
한국식 확장형 토론 영어부문 총심사위원장

홍원종
사) 한국청소년문화진흥협회 이사
동국대 평생교육원 실버펀놀이지도사 자격증 과정 대표교수